Das Krippen-Jahreszeitenbuch

Klanggeschichten

Bildnachweis

Freepik.com
S. 14: brgfx | S. 41, 44, 45: Sketchepedia

Gettyimages.de
S. 1: dvoriankin | S. 5: Sol Stock | S. 11: Robert Trevis-Smith | S. 13: Terry Eggers | S. 17: Santiago Urquijo | S. 18: sandra standbridge | S. 27: Copyright Mark Stewart aka Skramshots.com | S. 29: lingqi xie | S. 37: Karl Tapales | S. 40: svaga | S. 50: morgan stephenson | S. 51: Robert Körner | S. 56: terra24S. | S. 59: George Pachantouris | S. 65: Dgwildlife | S. 67: Michal Ulicny | S. 71: shura72

Impressum

ISBN: 978-3-96046-237-8

Das Krippen-Jahreszeitenbuch
Klanggeschichten

Redaktion	Myriam Bork
Autorin	Kathrin Eimler
Umschlagillustration	Anke Dammann
Gestaltung und Satz	DOPPELPUNKT, Stuttgart
Druck	Paper & Tinta, Nadma

Klett Kita GmbH
Rotebühlstr. 77
70178 Stuttgart
www.klett-kita.de

Inhalt

Frühling

Sommer

Herbst

Winter

Liebe Leserinnen und Leser,

Klänge und Geschichten gehören zu unserem Alltag – Kinder lieben es, spannende und interessante Erzählungen zu hören, verschiedene Klänge zu erforschen und mit ihnen zu experimentieren. Gleichzeitig fördern Klanggeschichten die Konzentrationsfähigkeit, den Wortschatz, das Hörverstehen und das rhythmische Grundverständnis der Kinder.

Tauchen Sie mit diesem Buch ein in die Welt der Klänge und Geschichten! Hier finden Sie eine bunte Mischung an Anregungen für das ganze Jahr: Die Kinder erleben tierische Abenteuer, betrachten die Natur, hören Geschichten über Kinder – und auch Fantasiewesen spielen eine Rolle. Sie finden Geschichten und Gedichte, bei denen ein Tisch als Instrument dient, Natur- und Alltagsmaterialien erklingen, der eigene Körper Musik macht und natürlich Orff-Instrumente zum Einsatz kommen.

Durch die unterschiedlichen Materialien bieten Sie den Kindern die Möglichkeit, vielfältige Klänge kennenzulernen und auszuprobieren. Die Kinder hören neue Geräusche und nehmen diese bewusst wahr. Erste Erfahrungen mit Orff-Instrumenten wecken das Interesse der Kinder an Musik. Ganz nebenbei üben sich die Kinder in ihrer Selbstwirksamkeit, Konzentration und Motorik, ihrem Rhythmus und Gehör und in ihrer Sprache.

Lassen Sie die Kinder doch mit den Instrumenten experimentieren, bevor Sie mit den Geschichten beginnen. So erhöhen Sie die Aufmerksamkeit für Ihre Erzählungen. Setzen Sie Ihre Stimme passend zur Geschichte ein, dann steht einem gelungenen Klangerlebnis nichts mehr im Wege.

Ich wünsche Ihnen und den Kindern viel Spaß auf der Reise in die wunderbare Welt der Klänge!

Ihre Kathrin Eimler

www.kathrin-eimler.de

Frühling

Frühlingstiere

Klanggedicht

Alter: ab 1,5 Jahren

Instrument
Tisch (oder Trommel)

Denkt euch, ich habe Tiere gesehen,
die liefen auf der Wiese und waren so schön!
Mit den flachen Händen auf den Tisch klopfen.

Bunte Käfer liefen umher,
Mit den Fingerspitzen auf den Tisch klopfen.
der Hase hoppelte gar sehr!
Parallel mit der flachen Hand auf den Tisch klopfen.

Die Raupe kroch langsam durchs Gras,
Über die Tischplatte reiben.
der Frosch hüpfte hoch vor Spaß.
Mit beiden Fäusten parallel auf den Tisch klopfen.

Ein Lämmlein sah ich langsam gehen,
Abwechselnd leise mit der flachen Hand auf den Tisch klopfen.
ein Vöglein hüpfte und blieb dann stehen.
Mit den Fingerspitzen auf den Tisch trommeln, dann innehalten.

Eine Maus krabbelte auch geschwind,
Mit den Fingerspitzen schnell auf den Tisch klopfen.
ein Schmetterling ließ sich tragen vom Wind.
Über die Tischplatte reiben.

Manche Tiere waren langsam und andere schnell,
Mit Fäusten erst langsam, dann schnell auf die Tischplatte trommeln.
manche hatten Federn und andere ein Fell.
Über die Tischplatte reiben.

Zu sehen waren sie auf der grünen Wiese,
Mit den flachen Händen in einem großen Kreis über den Tisch streichen.
liefen in der frischen Brise.
Pusten.

Die Osterhasen Hoppel und Happel

Klanggeschichte

Alter: ab 1,5 Jahren

Instrument
Tisch (oder Trommel)

Die kleinen Osterhasen Hoppel und Happel hoppeln aufgeregt herum.
Mit den Fingerkuppen auf den Tisch klopfen.

Hoppel und Happel möchten Ostereier verstecken. Sie hoppeln los.
Mit den Fäusten über den Tisch laufen.

Zuerst hoppeln sie schnell über die Wiese.
Mit den Fäusten schnell über den Tisch laufen.

Im Garten der Kinder hoppeln die Hasen dann langsam und vorsichtig. Die Kinder sollen sie nicht entdecken.
Mit den Fäusten leise auf den Tisch klopfen.

Hoppel geht ganz leise, Schritt für Schritt.
Mit den Handflächen leise auf den Tisch patschen.

Er versteckt die Ostereier hinter dem Sandkasten, im Blumenbeet und unter der Rutsche.
Nach jedem genannten Gegenstand mit den Handflächen leise auf den Tisch patschen.

Happel legt sich auf den Bauch und schiebt sich leise vorwärts.
Mit den Handflächen über den Tisch reiben.

Er versteckt die Ostereier unter dem Busch, hinter dem Spielhaus und neben dem Blumentopf, der auf der Terrasse steht.
Nach jedem genannten Gegenstand mit den Handflächen über den Tisch reiben.

Dann kriecht Happel zurück zum Gartenzaun.
Mit den Handflächen über den Tisch reiben.

Hoppel hüpft leise und vorsichtig zurück zu Happel.
Mit den Handflächen leise auf den Tisch patschen.

„Wir haben es geschafft!" Die beiden Hasen springen vor Freude hoch.
Mit den Fingerkuppen auf den Tisch klopfen.

Da hören sie, wie die Tür zum Garten geöffnet wird. Die Kinder kommen aus dem Haus. Schnell hoppeln Hoppel und Happel zurück in ihre Hasenhöhle.
Mit den Fäusten auf den Tisch klopfen.

Maus Maricke

Klanggeschichte

Alter: ab 3 Jahren

Auf der grünen Wiese trippelt die kleine Maus Maricke. Was für ein schöner Tag!
Den Löffel im Becher hin und her bewegen und dabei an den Rand klopfen.

Plötzlich fängt Maricke an zu rennen. Wohin möchte die Maus?
Mit dem Löffel im Becher klappern.

Dann bleibt sie stehen und schleicht auf kleinen Pfoten ganz leise.
Den Löffel an der Innenseite des Bechers kreisen lassen.

Ich glaube, sie hat Hunger. Maus Maricke macht einen großen Sprung!
1x außen an den Becher klopfen.

Sie landet neben einem Käfer. Den möchte sie wohl fressen. Mmh, lecker!
Schmatzgeräusche machen.

Dann geht Maus Maricke weiter. Was sie wohl vorhat?
Den Löffel langsam im Becher hin und her bewegen und dabei an den Rand klopfen.

Nun fängt sie wieder zu rennen an.
Mit dem Löffel im Becher klappern.

Sie macht einen großen Sprung und ...
1x außen an den Becher klopfen.

... hat einen Regenwurm gefangen. Ob der auch so lecker ist? Ich kann Maus Maricke schmatzen hören!
Schmatzgeräusche machen.

Maus Maricke blickt auf und läuft schon wieder los! Was hat sie vor?
Mit dem Löffel im Becher klappern.

Nun geht sie langsamer ...
Den Löffel im Becher hin und her bewegen und dabei an den Rand klopfen.

... und bleibt plötzlich wieder stehen. Dann schleicht Maus Maricke weiter.
Den Löffel an der Innenseite des Bechers kreisen lassen.

Oh, was sieht sie da? Ein grünes, saftiges Kleeblatt. Das frisst Maus Maricke jetzt.
Schmatzgeräusche machen.

Kleeblätter mag sie auch sehr gerne. Sie geht auf der Wiese hin und her und frisst noch mehr Klee!

Den Löffel im Becher hin und her bewegen und dabei an den Rand klopfen, zwischendurch Schmatzgeräusche machen.

Jetzt hebt sie ihren Kopf, spitzt die Ohren und sieht sich um. Sie geht langsam ein paar Schritte ...

Den Löffel langsam im Becher hin und her bewegen und dabei an den Rand klopfen

... und rennt los! Was ist denn passiert?

Mit dem Löffel im Becher klappern.

Eine Katze kommt angeschlichen. Sie will bestimmt die Maus Marieke fressen!

Den Löffel an der Innenseite des Bechers kreisen lassen.

Instrument

Plastikbecher mit Löffel

Marieke, lauf schneller! Die Katze tappt schon hinter dir her!

Mit dem Löffel im Becher klappern.

Die Katze macht einen großen Sprung ...

1x außen an den Becher klopfen.

... aber Marieke ist schon in ihrem Mäuseloch verschwunden. Glück gehabt! Die Katze schleicht wieder nach Hause.

Den Löffel an der Innenseite des Bechers kreisen lassen.

Bauer Karl und seine Tiere

Körperklanggeschichte

Alter: ab 3 Jahren

Bauer Karl lebt auf dem Bauernhof. Jetzt im Frühling werden die Tierkinder geboren. Um diese muss er sich gut kümmern. Bauer Karl geht zum Schweinestall.
Hände abwechselnd auf die Oberschenkel patschen.

Er hört schon die kleinen Ferkel quieken.
Mit hoher Stimme Quiekgeräusche machen.

Die kleinen Ferkel sind nach draußen gegangen und wälzen sich im Schlamm. Das machen sie richtig gerne.
Die Hände auf den Oberschenkeln vor und zurück reiben.

Bauer Karl holt den Eimer mit Futter und kippt Hafer, Mais und Gerste in den Futtertrog der Ferkel.
Die Hände reiben und bei „kippt" 1x in die Hände klatschen.

Dann geht er zum Kuhstall.
Hände abwechselnd auf die Oberschenkel patschen.

Er öffnet die Tür und hört bereits das Muhen der Kälber.
Muh-Geräusche nachahmen.

Die Kälber haben Hunger und trappeln schon unruhig in ihren Boxen.
Auf den Oberschenkeln zupfen.

Bauer Karl holt Heu und legt es in den Futtertrog der Kälber.
Die Hände reiben und bei „legt" 1x in die Hände klatschen.

Als Nächstes geht er zur Pferdeweide.
Hände abwechselnd auf die Oberschenkel patschen.

Die jungen Fohlen hüpfen bereits fröhlich auf der Wiese.
Mit den Fäusten vorsichtig auf die Brust klopfen.

Hier fressen sie frisches Gras. Trotzdem bekommen sie auch Hafer, damit sie gut wachsen können. Bauer Karl nimmt den Eimer und kippt den Hafer in den Futtertrog.
Die Hände reiben und bei „kippt" 1x in die Hände klatschen.

Bauer Karl freut sich. Seine Tiere haben Frühstück bekommen. Nun geht er zurück zum Haus.
Auf die Oberschenkel patschen.

Dabei beobachtet er die kleinen Lämmlein auf der Weide. Die trinken durstig Milch bei ihren Schafmamas.
Schlürfgeräusche machen.

Am Teich quaken die Frösche,
Quak-Geräusche imitieren.

und springen mit einem großen Sprung ins Wasser. Platsch!
Bei „Platsch" 1x in die Hände klatschen.

Zurück im Haus setzt sich Bauer Karl an den Frühstückstisch und isst ein leckeres Butterbrot. Dazu schlürft er eine Tasse frisch gebrühten Tee.
Den Bauch reiben, Schlürfgeräusche machen.

Bauer Karl sieht aus dem Fenster. Sein Nachbar fährt schon mit dem Traktor über das Feld,
Luft durch die geschlossenen Lippen pusten und so ein Autogeräusch erzeugen.

der Wind rauscht leise in den Bäumen,
Leise Windgeräusche machen, Luft dafür durch die Zähne pusten.

und die Vögelein singen.
Vogelgeräusche imitieren.

Bauer Karl ist zufrieden. Heute ist ein schöner Tag!
Die Brust reiben.

Der kleine Floh

Klanggedicht

Alter: ab 1,5 Jahren

Instrument

2 stabile Stöcke (für jedes Kind)

Es war einmal ein kleiner Floh,
der hüpfte manchmal so:
Hüpf, hüpf, hüpf.

Die Stöcke langsam aneinanderklopfen.

Es war einmal ein kleiner Floh,
der hüpfte manchmal so:
Hüpf, hüpf, hüpf.

Die Stöcke schneller aneinanderklopfen.

Es war einmal ein kleiner Floh,
der hüpfte manchmal so:
Hüpf, hüpf, hüpf.

Die Stöcke schnell aneinanderklopfen.

Und dieser kleine Floh,
der tanzte auch mal froh!

Die Stöcke rhythmisch schnell und langsam aneinanderklopfen.

Der kleine Floh tanzte auch mal leise,
rundherum im Kreise.

Die Stöcke leise aneinanderklopfen, die Hände dabei im Kreis bewegen.

Der kleine Floh, der hat sich was getraut,
und tanzte auch mal laut!

Die Stöcke laut aneinanderklopfen.

Später war das Tanzfest aus,
und der Floh hüpfte froh nach Haus.

Die Stöcke rhythmisch schnell und langsam aneinanderklopfen.

Vom Löwenzahn, der größer wurde

Klanggeschichte

Alter: ab 2 Jahren

Instrument
Glockenspiel
(oder Metallophon)

Die Sonne scheint. Mina geht in den Garten zu ihrem Sandkasten. „Mama!", ruft Mina. „Da ist etwas Grünes in meinem Sandkasten!" Minas Mama kommt zu ihr. „Mina, da wächst eine Blume! Sie hat ihre Blätter aus der Erde gestreckt."
Unterschiedliche Klangstäbe anspielen.

„Das ist toll!" Mina freut sich. „Ich baue eine Sandmauer um die Blume, dann habe ich ein eigenes Blumenbeet."
Über die Klangstäbe streichen.

Mina sieht jeden Tag nach ihrer Blume. Schon am nächsten Tag blickt eine Blüte aus der Erde. Die sieht wie ein kleiner grüner Ball aus. Mina freut sich: „Meine Blume wächst!"
Klangstäbe von tief nach hoch anspielen.

Am nächsten Morgen ist die Blume gewachsen. Die Blätter sind größer geworden und die Blüte wächst an einem Stiel in die Höhe.
Klangstäbe von tief nach hoch anspielen.

Mina ist aufgeregt. „Ob die Blume morgen noch größer ist?", überlegt sie. Als Mina am nächsten Tag in den Garten geht und nach ihrer Blume sieht, leuchtet sie wunderschön gelb.
Unterschiedliche Klangstäbe anspielen.

„Mama, Mama, in meinem Sandkasten ist ein Löwenzahn gewachsen!", ruft Mina laut. Mama freut sich auch. „Nun warte ich auf die Pusteblume!"
Klangstäbe von hoch nach tief anspielen.

Zwei Tage später ist aus der gelben Blüte eine Pusteblume geworden. Mina pflückt die Blume und pustet die Schirmchen an. Diese fliegen nun sanft im Wind davon.
Unterschiedliche Klangstäbe anspielen.

Viele kleine, schwimmende Küken

Klanggeschichte

Alter: ab 3 Jahren

Instrumente
Glöckchen,
Xylophon

An einem kleinen See wohnt eine Entenfamilie. Heute scheint die Sonne warm vom Himmel.
Glöckchen spielen.

Die Entenfamilie möchte schwimmen gehen. Mama Ente watschelt los und die Küken hinterher.
Die Klangstäbe des Xylophons nacheinander von tief nach hoch anspielen.

Schon bald sind sie am See. Die Sonne glitzert auf dem Wasser.
Glöckchen spielen.

„Nun wollen wir schwimmen gehen!", sagt die Entenmama. Sie springt als Erste ins Wasser.
Einen Klangstab des Xylophons anspielen.

Die Entenküken springen – 1, 2, 3, 4, 5 – hinterher.
Für jedes Küken einen Klangstab des Xylophons anspielen.

Die Sonne freut sich darüber, dass die Küken schwimmen möchten. Sie schickt noch mehr Sonnenstrahlen zur Erde.
Glöckchen spielen.

Die Küken schwimmen lustig umher und spritzen sich gegenseitig nass. Das macht Spaß!
Über die Klangstäbe des Xylophons hin und her streichen, einzelne Klangstäbe anspielen.

„Wir wollen schwimmen üben", sagt Mama Ente. „Zuerst schwimmen alle in einer Reihe hin und her und hin und her."
Die Klangstäbe des Xylophons nacheinander von tief nach hoch und umgekehrt anspielen.

Die Sonne beobachtet die Entenküken und freut sich, dass sie schon so gut schwimmen können.
Glöckchen spielen.

Auch Mama Ente freut sich: „Das habt ihr gut gemacht! Nun schwimmt alle im Kreis herum!" Die Küken schwimmen im Kreis.

Über die Klangstäbe des Xylophons hin und her streichen.

Das ist lustig! Manchmal müssen die Küken blinzeln, denn das Sonnenglitzern auf dem See blendet sie.

Glöckchen spielen.

„Jetzt habt ihr genug geübt", sagt die Entenmama. „Ihr dürft noch spielen." Und schon planschen und spritzen die Entenküken vergnügt im Wasser.

Einzelne Klangstäbe des Xylophons durcheinander anspielen.

Die Sonne lacht und freut sich über die lustigen Küken.

Glöckchen spielen.

Nach einer Weile sind die Küken müde. Sie schwimmen ans Ufer und klettern aus dem Wasser.

Die Klangstäbe des Xylophons nacheinander von tief nach hoch anspielen.

Die Sonne schickt noch ein paar Strahlen zur Erde, um die Küken zu wärmen.

Glöckchen spielen.

Die Küken schütteln sich und das Wasser spritzt nach allen Seiten aus ihren Federn.

Einzelne Klangstäbe des Xylophons anschlagen.

Die Entenfamilie watschelt zurück nach Hause,

Die Klangstäbe des Xylophons nacheinander von tief nach hoch anspielen.

die Sonne begleitet sie auf ihrem Weg.

Glöckchen spielen.

Raupe Rita

Klanggeschichte

Alter: ab 1,5 Jahren

Instrument
Rassel

Die kleine Raupe Rita kriecht fröhlich im Garten umher.
Fröhlich rasseln.

Auf einmal fängt ihr Magen an zu knurren.
Langsam rasseln.

„Ich sollte etwas essen. Mmh, da sehe ich leckere grüne Blätter.“ Schnell kriecht Rita zu den Blättern und frisst und frisst und frisst.
Schnell rasseln.

„Jetzt bin ich satt und müde!“ Die Raupe Rita kriecht langsam ein Stück weiter.
Langsam rasseln.

Sie legt sich unter den großen Busch. Raupe Rita baut sich ein Haus aus Fäden und schläft nun tief und fest.
Schnarchgeräusche machen.

Nach ein paar Tagen wacht sie auf und öffnet ihr Haus.
Vorsichtig rasseln.

Aus dem Haus kriecht aber keine Raupe. Aus dem Haus krabbelt ein wunderschöner Schmetterling.
Fröhlich rasseln.

Der Schmetterling Rita breitet seine bunten Flügel aus und schlägt sie vorsichtig auf und nieder.
Langsam rasseln.

„Jetzt geht es mir gut!“, denkt Rita. Sie streckt sich noch einmal und fliegt in der Frühlingssonne davon.
Fröhlich rasseln.

Vogelchor

Klanggedicht

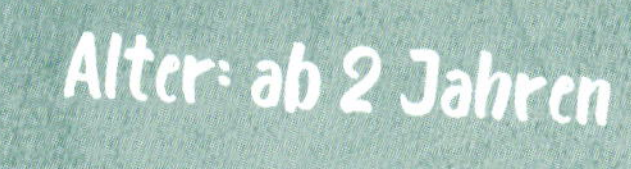

Instrument
Glöckchen

Alter: ab 2 Jahren

Heute trifft sich am großen Moor,
die Vogelschar in einem Chor.
Glöckchen spielen.

Sie wollen zusammen Lieder singen,
die im Wald dann wunderschön erklingen.
Glöckchen spielen.

Schon singen sie das erste Lied,
und alle Vögel machen mit.
Glöckchen spielen.

Erst zwitschern sie ganz leise,
auf wunderbare Weise.
Glöckchen leise spielen.

Sie zwitschern ruhig und auch ganz still,
weil das Liedlein es so will.
Glöckchen ganz leise spielen.

Doch das Liedlein ändert sich,
das hörst du doch auch sicherlich.
Glöckchen etwas lauter spielen.

Lauter singen nun die Vögelein,
lauter singen alle – groß und klein.
Glöckchen noch lauter spielen.

Das Liedlein klingt so wunderschön,
wie wird es denn nun weitergeh'n?
Lautstärke des Glöckchens beibehalten.

Leiser werden ihre Stimmen,
wie werden sie nun weitersingen?
Glöckchen leiser spielen.

Oh, das Lied wird nun sehr laut,
die Vogelschar hat sich getraut,
Glöckchen laut spielen.

aus vollem Hals zu singen!
Im ganzen Wald wird das Lied erklingen.
Glöckchen laut spielen.

Leiser singen die Vögelein jetzt,
und werden still zu guter Letzt.
Leiser werden und Glöckchen am Ende still halten.

So zwitscherten die Vögelein auf ihre Weise,
manchmal laut und manchmal leise.
Glöckchen erst laut, dann leise spielen.

Das schöne Liedlein ist nun aus,
die Vögelein fliegen zurück nach Haus.
Glöckchen still halten.

Ein Spaziergang

Körperklanggeschichte

Alter: ab 3 Jahren

Wir wollen heut spazieren gehen, spazieren gehen ist so schön. Wir wollen heut spazieren gehen, denn da gibt es viel zu sehen!
Mit den Füßen trampeln.

Wir gehen aus dem Haus hinaus und spazieren los. Da vorne am Zebrastreifen können wir über die Straße gehen.
Hände abwechselnd auf die Oberschenkel patschen.

Aber erst müssen wir warten. Auf der Straße fahren nämlich viele Autos.
Luft durch die geschlossenen Lippen pusten und so ein Autogeräusch erzeugen.

Wir schauen nach links, wir schauen nach rechts, und wir schauen wieder nach links. Nun gehen wir über die Straße.
Hände abwechselnd auf die Oberschenkel patschen.

Wir gehen über eine Wiese. Da wachsen viele bunte Blumen. Wie die duften!
Tief Luft holen und wieder ausatmen. Ein paar Mal wiederholen.

Ein paar Bienen fliegen um die Blumen herum und sammeln Nektar für den Honig.
Bsss-Geräusch erzeugen.

Kommt, wir gehen weiter!
Hände abwechselnd auf die Oberschenkel patschen.

Dort vorne ist ein Busch. Was raschelt denn da so? Wir schleichen uns vorsichtig an den Busch heran. Nur noch ein Stückchen ...
Hände auf den Oberschenkeln reiben.

Das Rascheln ist auf einmal ganz laut!
Laut auf den Oberschenkeln reiben.

Kommt, wir schleichen noch näher heran!
Leise sprechen, Hände reiben.

Oh, ein Igel raschelt im Laub. Er ist bestimmt gerade aus dem Winterschlaf erwacht.
Laut auf den Oberschenkel reiben.

Wir schleichen leise weg, damit wir ihn nicht stören.
Hände leise reiben.

Nun sind wir weit genug weg. Was höre ich da? Ich glaube, da plätschert ein Bach!
Mit den Fingern auf den Oberschenkeln zupfen.

Wollen wir hinlaufen? Los geht's!
Schnell auf die Oberschenkel patschen.

Da ist der Bach. Das Wasser plätschert lustig!
Mit den Fingern auf den Oberschenkeln zupfen.

Sollen wir ein paar Steine in das Wasser werfen? Das platscht immer so schön! Wir werfen auf drei! 1, 2, 3 und platsch.
Bei „platsch" in die Hände klatschen.

Schaffen wir noch einen Stein? Los, auf drei! 1, 2, 3 und platsch.
Bei „platsch" in die Hände klatschen.

Oh, der Himmel ist dunkel geworden. Der Wind rauscht in den Bäumen! Hört ihr das?
Windgeräusche machen, Luft dafür durch die Zähne pusten.

Ich glaube, es regnet.
Mit den Fingerspitzen vorsichtig auf die Brust klopfen.

Oh je, der Regen wird stärker!
Mit den Fingerspitzen schneller, aber vorsichtig, auf die Brust klopfen.

Wir sollten nach Hause laufen!
Schnell auf die Oberschenkel patschen.

Schnell! Über die Wiese geht's zur Straße!
Schnell auf die Oberschenkel patschen.

Da ist die Straße! Es fahren immer noch Autos!
Luft durch die geschlossenen Lippen pusten und so ein Autogeräusch erzeugen.

Wir schauen nach links, wir schauen nach rechts, und wir schauen wieder nach links. Jetzt können wir über die Straße gehen!
Langsamer auf die Oberschenkel patschen.

Oh je, der Regen wird immer stärker!
Mit den Fingerspitzen schnell, aber vorsichtig, auf die Brust klopfen.

Da ist unser Haus, schnell, wir rennen das letzte Stück!
Schnell auf die Oberschenkel patschen.

Wir machen die Tür auf und gehen hinein. Puh, geschafft! Jetzt trinken wir einen Tee und wärmen uns auf!
Hände reiben.

Der kleine Osterhase

Klanggeschichte

Alter: ab 2 Jahren

Instrument

Rasseleier

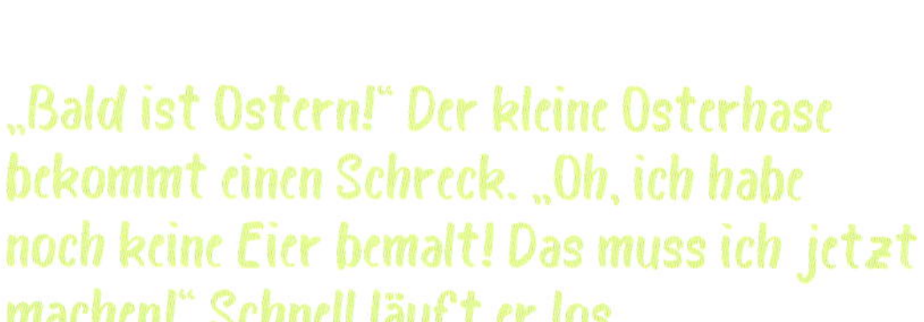

„Bald ist Ostern!“ Der kleine Osterhase bekommt einen Schreck. „Oh, ich habe noch keine Eier bemalt! Das muss ich jetzt machen!“ Schnell läuft er los.

Schnell rasseln.

Der kleine Osterhase rennt zu Frau Henne: „Frau Henne, ich brauche Eier für Ostern!“ „Du bist aber spät!“ „Ich weiß, darum muss ich mich beeilen.“ Der kleine Osterhase bekommt Eier und läuft schnell weiter.

Schnell und laut rasseln.

Der kleine Osterhase kommt zum Malerladen: „Lieber Malermeister, ich brauche Farbe für die Ostereier!“ „Du bist aber spät!“ „Ich weiß, darum muss ich mich beeilen.“ Der kleine Osterhase bekommt Farbe und läuft weiter.

Langsamer rasseln.

Der kleine Osterhase kommt zum Bastelgeschäft: „Lieber Bastelmeister, ich brauche Kleber, Papier und bunte Federn für Ostern.“ „Du bist aber spät!“ „Ich weiß, darum muss ich mich beeilen.“ Der kleine Osterhase bekommt die Bastelsachen und geht weiter.

Langsam und leise rasseln.

„Hab ich jetzt alles?“, fragt sich der kleine Osterhase. Vom schnellen Laufen ist er ganz müde geworden. Der kleine Osterhase geht langsam den Weg entlang.

Ganz langsam rasseln.

Zu Hause packt er alles aus und fängt an zu basteln. Das macht Spaß und gibt ihm Kraft. Fröhlich pfeifend läuft er hin und her und dekoriert die Ostereier.

Schnell und laut rasseln.

Schon ist er fertig. „Geschafft!“, freut sich der kleine Osterhase. In der Nacht hat er einen schönen Traum: Er läuft flink zu den Gärten der Menschen,

Schnell rasseln.

schleicht dort leise herum und versteckt die Ostereier.

Leise rasseln.

In seinem Kopf hört er die Kinder fröhlich lachen, wenn sie die Ostereier finden. Oh, wie schön!

Schnell und laut rasseln.

Sonnenstrahlen

Klanggedicht

Alter: ab 1,5 Jahren

Instrument
Glöckchen

Die Sonne geht am Morgen auf,
und nimmt am Himmel ihren Lauf.
Glöckchen leise klingen lassen.

Ihre Strahlen streckt sie aus,
sie leuchten warm und sanft aufs Haus.
Glöckchen leise klingen lassen.

Sie kitzeln dich an deiner Nase,
und auch das Häschen dort im Grase.
Glöckchen leise klingen lassen.

Die Sonne kitzelt dich nun sehr,
sie kitzelt und kitzelt dich immer mehr.
Glöckchen lauter klingen lassen.

Du musst niesen und lachst dann los,
die Sonnenstrahlen sind famos!
Glöckchen laut klingen lassen.

Hoch am Himmel scheint die Sonne,
warm und hell nun voller Wonne.
Glöckchen laut klingen lassen.

Du kannst am Himmel Wolken entdecken,
dahinter wird sich die Sonne verstecken.
Glöckchen leiser klingen lassen.

Die Sonnenstrahlen werden leise,
sie strahlen jetzt auf sanfte Weise.
Glöckchen leise klingen lassen.

Immer mehr Wolken ziehen daher,
du siehst nun keine Sonnenstrahlen mehr.
Glöckchen still halten.

Die Sonnenstrahlen sind nun still,
der Himmel ist dunkel und nicht hell.
Glöckchen still halten.

Doch der Wind pustet die Wolken fort,
die Sonne ist wieder am Himmel dort.
Glöckchen sanft klingen lassen.

So strahlt die Sonne auf ihre Weise:
Mal strahlt sie laut und auch mal leise.
Glöckchen laut, dann leise klingen lassen.

Sommer

Wir gehen auf den Spielplatz

Klanggedicht

Alter: ab 1,5 Jahren

Instrument
Tisch (oder Trommel)

Heute scheint die Sonne,
am Himmel voller Wonne!
Mit den flachen Händen im Kreis
über den Tisch reiben.

Wir können es kaum erwarten,
und laufen in den Garten.
Mit den Fäusten auf den Tisch klopfen.

Denn hier wollen wir spielen geh'n,
Spielen finden wir wunderschön!
Mit den Fingerspitzen auf den Tisch tippen.

Auf die Rutsche klettern wir,
Mit der flachen Hand
auf den Tisch klopfen.
sausen dann hinab zu dir.
Mit den flachen Händen von links
nach rechts über den Tisch reiben.

Wir fahren mit dem Auto rum –
hin und her, das ist nicht dumm!
Mit den Fingerspitzen auf dem Tisch malen.

Im Sand graben wir ein tiefes Loch,
Mit den Fingerspitzen auf dem Tisch zupfen.
und bauen eine Burg – ganz hoch!
Mit den Handflächen auf den Tisch patschen.

Wir schaukeln auch gern hin und her,
das macht Spaß und ist nicht schwer.
Mit den Fäusten hin und her
über den Tisch reiben.

Die Sonne geht bald wieder unter,
wir sind jetzt auch nicht mehr munter.
Mit den flachen Händen im Kreis
über den Tisch reiben.

Wir gehen nun hinein ins Haus,
Mit den Fäusten auf den Tisch klopfen.
und ruhen uns erst einmal aus.
Hand auf dem Tisch liegen lassen.

Unser Ausflug in den Zoo

Klanggeschichte

Instrument
Tisch (oder Trommel)

Alter: ab 1,5 Jahren

Heute ist so ein schöner Sommertag! Lasst uns gemeinsam in den Zoo gehen!
Mit den flachen Händen abwechselnd auf den Tisch klopfen.

Im Zoo sehen wir viele Tiere. Die Affen klettern lustig in den Bäumen herum.
Die Fingerspitzen über den Tisch tanzen lassen.

Die Elefanten stampfen in ihrem Gehege. Sie gehen zu ihrem Wasserloch und trinken etwas.
Mit Fäusten abwechselnd auf den Tisch klopfen.

Die Schlangen schlängeln sich durch ihr Terrarium. Sie kriechen an einem dicken Ast entlang und verstecken sich unter den Steinen.
Mit der flachen Hand über den Tisch streichen.

Hinter dem Schlangenhaus ist ein Teich. Da sehen wir Frösche. Die hüpfen so hoch! Quak, quak, quak, quak, quak, quak. Und – platsch – sind sie in den Teich gesprungen!
Mit allen Fingerspitzen gleichzeitig zu jedem „Quak" auf den Tisch klopfen. Bei „platsch" 1x mit den flachen Händen auf den Tisch patschen.

Die Löwen schleichen durch ihr Gehege. Man kann sie kaum hören, so leise sind sie.
Leise sprechen, mit der flachen Hand leise auf den Tisch klopfen.

Wir haben heute so viele Tiere gesehen. Lasst uns jetzt nach Hause gehen!
Mit den flachen Händen abwechselnd auf den Tisch klopfen.

TIPP
Welche Zootiere kennen die Kinder noch? Denken Sie sich eigene passende Geräusche aus!

Frido, der kleine Fisch

Klanggeschichte

Alter: ab 3 Jahren

Der kleine Fisch Frido lebt draußen im großen weiten Meer. Gut gelaunt schwimmt er im Meer umher.
Mit den Händen langsam hin und her durch das Wasser gleiten.

Frido ist ein guter Schwimmer. Er kann langsam schwimmen,
Mit den Händen langsam hin und her durch das Wasser gleiten.

und er kann schnell seine Bahnen ziehen.
Mit den Händen schnell hin und her durch das Wasser gleiten.

An einem sonnigen Tag sieht er die Sonnenstrahlen auf dem Meer glitzern. „Ob ich das Glitzern einfangen kann?", fragt er sich. Frido schwimmt schnell nach oben,
Mit den Händen schnell durch das Wasser gleiten.

springt aus dem Wasser,
Hände aus dem Wasser nehmen.

und landet mit einem lauten „Platsch" wieder im Meer.
Mit der flachen Hand auf das Wasser platschen.

„Ui, das hat Spaß gemacht! Das Glitzern habe ich nicht gefangen, aber ins Wasser springen ist lustig!" Noch einmal schwimmt Frido nach oben, springt aus dem Wasser und landet mit einem lauten „Platsch" wieder im Meer.
Mit den Händen schnell durch das Wasser gleiten, dann mit der flachen Hand auf das Wasser platschen.

Frido lacht. Auf einmal hört er ein Geräusch: Patsch, patsch, patsch, patsch, patsch.
Bei „patsch" mit den Fäusten auf das Wasser patschen.

„Nanu, was ist denn das?" Frido schwimmt dem Geräusch entgegen. Er sieht Kinder, die Steine ins Wasser werfen: Patsch, patsch, patsch, patsch, patsch.
Bei „patsch" mit den Fäusten auf das Wasser patschen.

Frido freut sich. Die Kinder haben Spaß am Wasser. Patsch, patsch, patsch, patsch, patsch. Immer mehr Steine fallen ins Meer.

Bei „patsch" mit den Fäusten auf das Wasser patschen.

Frido lächelt und schwimmt weiter. Er schlängelt sich durchs Wasser und zieht dabei seine Kreise.

Mit den Händen langsam hin und her durch das Wasser gleiten und Kreise ziehen.

Instrumente

Wanne (oder Waschbecken) mit Wasser

„Das sieht wunderschön aus", denkt Frido. Die Regentropfen zaubern Tausend kleine Wellen auf die Meeresoberfläche.

Die Hände auf das Wasser legen und mit den Fingern sanft auf das Wasser patschen.

Auf einmal wird es dunkel. Frido sieht nach oben. Die Sonne ist hinter dunklen Wolken verschwunden. Es fängt an zu regnen und die Regentropfen platschen auf das Wasser.

Die Hände auf das Wasser legen und mit den Fingern sanft auf das Wasser patschen.

Eine Weile beobachtet Frido die Regentropfen.

Die Hände auf das Wasser legen und mit den Fingern sanft auf das Wasser patschen.

Der Regen hört auf und die Sonne kommt wieder heraus. Das Meer glitzert so schön wie vorher. „Ob ich nicht doch das Glitzern fangen kann? Ich versuche es noch einmal!" Frido schwimmt schnell durch das Wasser, springt hoch und platscht wieder ins Wasser.

Mit den Händen schnell durch das Wasser gleiten, dann mit der flachen Hand auf das Wasser platschen.

„Nein, das Glitzern kann ich nicht fangen. Aber ich kann gut schwimmen!" Und so sieht man Frido im Meer seine Bahnen ziehen: Mal schwimmt er langsam und mal schwimmt er schnell!

Mit den Händen abwechselnd langsam und schnell durch das Wasser gleiten.

Papa mäht den Rasen

Körperklanggeschichte

Alter: ab 1,5 Jahren

Es ist Samstag. Jonna wacht auf. Die Sonne kitzelt sie an der Nase. Jonna hört ein Geräusch, ein Tappen. Was ist das?
Langsam auf die Oberschenkel patschen.

Papa geht die Treppe hinunter.
Langsam auf die Oberschenkel patschen.

Nun klappert eine Tür. Und noch eine!
Mit den flachen Händen 2x auf die Brust patschen.

Was macht Papa draußen? Jonna geht zum Fenster. Die Sonne scheint ihr ins Gesicht.
Hände reiben.

Wo ist Papa? Sie kann ihn nicht sehen. Da hört sie ein Geräusch. Ein Motor brummt!
Motorgeräusch nachahmen.

Papa hat den Rasenmäher angemacht! Er geht hin und her, hin und her.
Die Hände auf den Oberschenkeln reiben, dabei Motorgeräusch nachahmen.

Nun bringt er den Korb mit dem Rasenschnitt weg. Er schüttet ihn aus und geht zurück zum Rasenmäher.
Mit den Fingerspitzen die Brust kratzen.

Papa mäht weiter, hin und her, hin und her.
Die Hände auf den Oberschenkeln reiben, dabei Motorgeräusch nachahmen.

Jonna macht es Spaß, Papa zuzusehen: Er mäht hin und her, schüttet den Korb aus, mäht hin und her und schüttet den Korb aus.
Die Hände vor und zurück auf den Oberschenkeln reiben, dabei Motorgeräusch nachahmen. Mit den Fingerspitzen auf der Brust kratzen.

Jonna überlegt, was sie gleich draußen spielen kann. Vielleicht geht sie rutschen.
Von oben nach unten über die Arme streichen.

Oder sie buddelt im Sand.
Mit den Händen auf den Oberschenkeln zupfen.

Jonna lässt die Sonne in ihr Gesicht scheinen und überlegt.
Hände reiben.

Jetzt ist Papa fertig. Jonna läuft zu Papa.
Schnell auf die Oberschenkel patschen.

Sie klatscht in die Hände und sagt: „Danke, dass du den Rasen gemäht hast, jetzt kann ich wieder spielen gehen.“ Papa lacht und sagt: „Das nächste Mal darfst du mir helfen, dann geht es schneller.“
In die Hände klatschen.

Jonna lacht auch und läuft zur Schaukel.
Schnell auf die Oberschenkel patschen.

Fohlenspaß

Klanggedicht

Alter: ab 2 Jahren

Instrument
2 Steine (für jedes Kind)

Schaut mal, auf der grünen Wiese,
da steht ein Fohlen namens Liese.
Steine aneinanderreiben.

Liese geht heute im Schritt,
kommt, wir gehen mit ihr mit!
Steine langsam aneinanderklopfen.

Auf einmal trabt die Liese los,
ihre Hufe klappern so famos!
Steine schneller aneinanderklopfen.

Schaut euch mal die Liese an,
nun fängt sie zu springen an!
Steine rhythmisch aneinanderklopfen.

Nun galoppiert die Liese voller Wonne
in der schönen Sommersonne!
Steine schnell aneinanderklopfen.

Sie hüpft und springt hin und her,
das gefällt der Liese sehr.
Steine schneller aneinanderklopfen.

Leise schleicht jetzt unsere Liese
über die grüne Sommerwiese.
Steine aneinanderreiben.

Schleicht und ist dabei ganz leise,
schleicht auf ihre Fohlenweise.
Steine aneinanderreiben.

Doch nun rennt die Liese schnell,
weil sie das so gerne will.
Steine schnell aneinanderklopfen.

Rennt und rennt und kommt sodann
an der Fohlentränke an.
Steine schnell aneinanderklopfen.

Trinkt das Wasser durstig aus,
und ruht sich dann im Grase aus.
Steine aneinanderreiben.

Der kleine Frosch

Körperklanggedicht

Alter: ab 1,5 Jahren

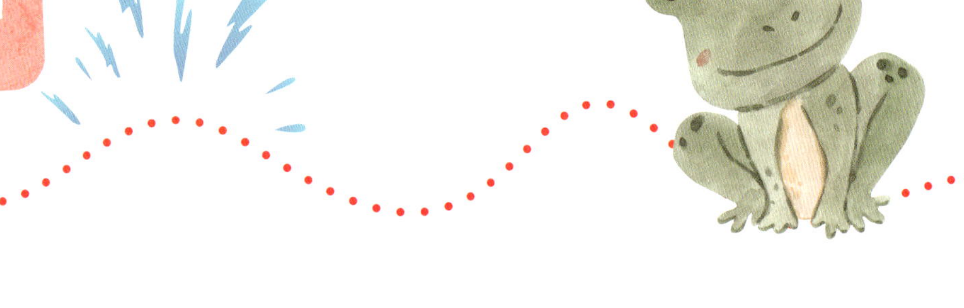

Der kleine Frosch hüpft hin und her,
er mag das Wasser nicht so sehr!
Abwechselnd auf die Oberschenkel patschen.

Doch ein Frosch, der muss doch schwimmen,
und sich trauen, in den See zu springen.
Hände aneinanderreiben, bei „springen" 1x laut auf die Oberschenkel patschen.

„Okay, ich versuchs!", denkt sich der Frosch,
und hüpft nun mutig langsam los.
Langsam abwechselnd auf die Oberschenkel patschen.

Aber vor dem See da macht er Halt:
„Das Wasser ist mir viel zu kalt!"
Bei „Halt" 1x in die Hände klatschen.

Doch ein Frosch, der muss doch schwimmen,
und sich trauen, in den See zu springen.
Hände aneinanderreiben, bei „springen" 1x auf die Oberschenkel patschen.

„Okay, ich versuchs!", denkt sich der Frosch,
und hüpft nun mutig noch einmal los.
Langsam abwechselnd auf die Oberschenkel patschen.

Kurz vor dem See da hält er an:
„Ich weiß gar nicht, ob ich schwimmen kann!"
Bei „an" 1x in die Hände klatschen.

Doch ein Frosch, der muss doch schwimmen,
und sich trauen, in den See zu springen.
Hände aneinanderreiben, bei „springen" 1x auf die Oberschenkel patschen.

„Okay, ich versuchs!", denkt sich der Frosch,
und hüpft nun mutig noch einmal los.
Langsam abwechselnd auf die Oberschenkel patschen.

Er hüpft nun schnell und mit einem Satz,
springt er ins Wasser mit einem Platsch!
Schnell abwechselnd auf die Oberschenkel patschen,
bei „Platsch" 1x laut auf die Oberschenkel patschen.

„Juchhu!", ruft er, „ich bin im See!
Das Wasser tut mir gar nicht weh!"
In die Hände klatschen.

„Es ist auch nicht kalt, und seht mal her,
ich schwimme einfach hin und her!"
Hände reiben.

Ja, der Frosch schwimmt nun umher,
mal schnell und mal langsam, das gefällt ihm sehr.
Hände schnell und langsam reiben.

Der kleine Frosch traut sich in den See zu springen,
und kann jetzt auch ganz wunderbar schwimmen.
Bei „springen" 1x auf die Oberschenkel patschen, Hände aneinanderreiben.

Mücke Mira macht bsss

Klanggeschichte

Alter: ab 2 Jahren

Instrument
Rassel

Die kleine Mücke Mira fliegt gerne im Sommerwald herum. Beim Fliegen macht sie immer lustig **bsss**.

Mücke Mira fliegt **bsss** im Wald umher, da kommt ihr eine Idee: „Ich kenne nur den Wald", denkt sie, „ich möchte aber auch die große weite Welt kennenlernen!"

Mücke Mira freut sich so sehr, dass sie mit lautem **bsss** zwischen den Bäumen hindurchfliegt. Ganz schnell **bsss** kommt Mücke Mira am Waldrand an. Hier setzt sie sich auf einen Ast und sieht sich um.

„Da ist etwas Buntes auf der Wiese, das sehe ich mir an." Mücke Mira fliegt langsam **bsss** auf das Bunte zu. „Mmh, das duftet aber", stellt sie fest und setzt sich. „Ich glaube, das sind Blumen."

Dann riecht sie noch etwas. Sie fliegt vorsichtig **bsss** um die Hausecke herum. Dort spielen Kinder. „Die riechen aber gut!" Mücke Mira fliegt **bsss** schneller und setzt sich auf einen Arm. Da hört sie ein Kind rufen: „Achtung, auf deinem Arm!"

Mücke Mira bekommt einen Schreck. Auf dem Arm muss etwas Schreckliches sein. Schnell fliegt sie **bsss** los, fliegt noch schneller **bsss** um die Hausecke herum und wieder zurück **bsss** in den Wald.

Hier wird sie **bsss** langsamer. Mücke Mira ist schlapp vom schnellen Fliegen. Ganz ruhig fliegt sie **bsss** nach Hause.

„Ich hätte nicht gedacht, dass das in der großen weiten Welt so gefährlich ist. Dann bleibe ich doch lieber zu Hause", denkt sie. Sie setzt sich mit einem leisen **bsss** in einen Baum und freut sich, wieder im Wald zu sein.

Und so geht's:
Spielen Sie die Rasseln, wenn das Wort **bsss** im Text vorkommt. Manchmal darf auch laut oder leise, schnell oder langsam gerasselt werden. Wer möchte, darf das **bsss** auch mitsprechen.

Tiere auf der Sommerwiese

Klanggeschichte

Instrument
Xylophon
(oder Metallophon)

Alter: ab 2,5 Jahren

Heute ist ein warmer Sommertag. Ich setze mich auf die Wiese und schaue mich um. Ich kann viele Tiere sehen. Eine Schnecke kriecht langsam durch das Gras. Kannst du ihre Spur entdecken?
Den Schlägel langsam hin und her über die Klangstäbe streichen.

Die Bienen summen und fliegen von Blume zu Blume. Dort sammeln sie Nektar für den Honig. Mmh, lecker!
Einzelne Klangstäbe anschlagen.

Ein kleiner Marienkäfer fliegt herum und landet auf dem Rasen vor einer Blume.
Den Schlägel hin und her über die Klangstäbe streichen.

Sieh mal, nun krabbelt er den Stängel hinauf! Und schon fliegt er weiter.
Einzelne Klangstäbe von tief nach hoch anschlagen.

Dort drüben krabbeln Ameisen in einer Reihe hintereinander über die Wiese.
Einzelne Klangstäbe von tief nach hoch und von hoch nach tief anschlagen.

Ein Regenwurm schlängelt auch herum. Wohin der wohl möchte? Oh, da ist er schon in seinem Bau verschwunden.
Den Schlägel langsam über die Klangstäbe streichen.

Da kommt ein Vogel angeflogen.
Den Schlägel hin und her über die Klangstäbe streichen.

Nun hüpft er auf dem Gras.
Einzelne Klangstäbe anschlagen.

Der sucht bestimmt einen Regenwurm. Gut, dass unser Regenwurm bereits in der Erde verschwunden ist. Der Vogel fliegt wieder davon.
Den Schlägel hin und her über die Klangstäbe streichen.

So viele Tiere können wir sehen. Manche fliegen, andere krabbeln und andere kriechen langsam. Auf der Sommerwiese ist richtig viel los!

Wasserspaß

Klanggeschichte

Alter: ab 3 Jahren

Instrument
Glockenspiel

Heute ist ein warmer Tag. Thilo freut sich. Papa hat das Planschbecken aufgebaut. „Papa, darf ich ins Wasser?“, möchte Thilo wissen. Papa nickt. „Das Wasser ist warm, du kannst dich in das Planschbecken setzen.“ Thilo fasst ins Wasser und spritzt etwas Wasser zu Papa.

Langsam einzelne Klangstäbe anspielen.

Thilo lacht. Papa lacht auch. Thilo setzt sich in das Wasser. Er patscht mit den Händen auf das Wasser. Das spritzt herrlich.

Schneller einzelne Klangstäbe anspielen.

Er patscht noch einmal mit den Händen auf das Wasser. Oh, wie das spritzt!

Schnell einzelne Klangstäbe anspielen.

„Hey“, sagt Papa, „willst du mich etwa nass spritzen?“ Thilo ruft „Jaaaa!“ und spritzt los!

Schnell mit dem Schlägel über die Klangstäbe gleiten.

Voller Kraft patscht Thilo auf das Wasser.

Schnell einzelne Klangstäbe anspielen.

Papa ist klitschenass. Thilo lacht, Papa auch. Dann zieht Papa seine Klamotten aus. Darunter hatte er schon seine Badehose an! Thilo nimmt sich ein Förmchen. Er lässt Wasser hineinlaufen und gießt es wieder aus. Das Wasser plätschert leise.

Mit dem Schlägel über die Klangstäbe gleiten.

Er probiert es noch einmal. Er lässt das Wasser hineinlaufen und gießt es langsam wieder heraus.

Mit dem Schlägel über die Klangstäbe gleiten.

„Jetzt nehme ich meinen Eimer“, überlegt Thilo. Er taucht den Eimer unter Wasser und hebt ihn wieder heraus. Puh, ist der Eimer schwer. Nun dreht er den Eimer um. Es macht ein lautes „Platsch“.

Mit dem Schlägel über die Klangstäbe gleiten.

und das Wasser landet wieder im Planschbecken. Nun lässt er Wasser in die Gießkanne laufen und gießt das Wasser langsam wieder aus. Das Wasser rieselt sanft in das Planschbecken. Es ist kaum zu hören.
Ganz sanft mit dem Schlägel über die Klangstäbe gleiten.

Plötzlich wird Thilos Kopf nass. Wasser läuft ihm übers Gesicht.
Sanft einzelne Klangstäbe anspielen.

Thilo muss prusten. „Papa!", ruft er. Papa steht vor ihm und schüttet Wasser aus dem Eimer auf Thilo. Papa lacht. Thilo taucht beide Hände unter Wasser und spritzt Papa nass.
Schnell einzelne Klangstäbe anspielen.

Thilo und Papa lachen. Die Wasserschlacht geht weiter!
Schnell einzelne Klangstäbe anspielen.

Das ist ein Spaß! Papa setzt sich zu Thilo. „Papa, ich zeige dir jetzt Wasser, das ganz leise ist!" Thilo nimmt seine Gießkanne und lässt das Wasser in das Planschbecken rieseln.
Ganz sanft mit dem Schlägel über die Klangstäbe gleiten.

Thilo und Papa haben noch einen lustigen Wasserplanschnachmittag. Mal planschen sie ganz doll und mal ganz leise. Was für ein Spaß!
Erst schnell einzelne Klangstäbe anspielen, dann ganz sanft mit dem Schlägel über die Klangstäbe gleiten.

Vögel am Sommerhimmel

Klanggedicht

Alter: ab 2 Jahren

Instrument
Xylophon
(oder Metallophon)

Sieh einmal, dort oben am Sommerhimmel,
fliegen die Vögel in lustigem Gewimmel.
Schlägel auf den Klangstäben hin und her bewegen
und einzelne Klangstäbe anschlagen.

Der kleine Spatz fliegt schnell hin und her,
ich glaube, das gefällt ihm sehr!
Schlägel schnell hin und her über die Klangstäbe gleiten lassen.

Die Amsel ist heute munter,
fliegt hinauf und wieder herunter.
Klangstäbe von tief nach hoch,
dann von hoch nach tief anspielen.

Der Adler zieht ruhig seine Kreise,
und schreit dabei auch gar nicht leise.
Schlägel langsam hin und her über die Klangstäbe gleiten lassen.

Die Bachstelze fliegt hier und landet dort,
Schlägel über die Klangstäbe hin und her gleiten lassen.
wippt mit dem Schwänzchen und fliegt wieder fort.
Einzelne Klangstäbe anspielen.

Der Storch fliegt mit seinen großen Schwingen,
er möchte seinen Babys Futter bringen.
Schlägel langsam hin und her über die Klangstäbe gleiten lassen.

Viele Vögel klein und groß,
fliegen herum, das ist wirklich famos!
Schlägel über die Klangstäbe gleiten lassen und einzelne Klangstäbe anschlagen.

Lauras neuer Ball

Klanggeschichte

Instrument
Trommel

Laura freut sich. Sie hat einen neuen Ball bekommen. Laura geht aus dem Haus.
Mit der flachen Hand auf die Trommel klopfen.

Im Garten möchte Laura mit dem Ball spielen. Was kann sie nur alles mit dem Ball machen? Sie wirft ihn in die Luft,
Mit den Fingerspitzen auf der Trommel kreisen.

und fängt ihn wieder auf.
1x auf die Trommel patschen.

Das macht Spaß. Sie probiert das gleich noch einmal. Laura wirft den Ball hoch.
Mit den Fingerspitzen auf der Trommel kreisen.

Oh, nun ist der Ball auf die Erde gefallen,
1x auf die Trommel patschen.

und hüpft davon. Die Sprünge werden immer kleiner.
Mit den Fingerspitzen schneller werdend auf die Trommel klopfen.

Nun rollt der Ball und bleibt liegen.
Auf dem Trommelfell reiben.

Das war lustig. Laura läuft zu ihrem Ball.
Mit der flachen Hand auf die Trommel klopfen.

Sie wirft ihn wieder hoch,
Mit den Fingerspitzen auf der Trommel kreisen.

und lässt ihn auf die Erde fallen.
1x auf die Trommel patschen.

Der Ball hüpft immer schneller,
Mit den Fingerspitzen schneller werdend auf die Trommel klopfen.

und rollt weiter.
Auf dem Trommelfell reiben.

Laura lacht. Mit dem Ball spielen macht Spaß! Laura spielt den ganzen Nachmittag mit ihrem Ball.
Mit der flachen Hand auf die Trommel klopfen.

„Morgen spiele ich wieder mit meinem Ball“, denkt sich Laura beim Einschlafen.
Die Hände aufeinanderlegen und an die Wange legen.

Tanzendes Feendorf

Klanggeschichte

Alter: ab 2 Jahren

Instrument
Glockenkranz

Heute ist ein wunderschöner Sommertag. Die Feen feiern ein Tanzfest. Sie haben ihre schönsten Kleider angezogen. Die Kleider glitzern in der Sommersonne.
Glockenkranz spielen.

Im ganzen Feendorf kann man die Feen funkeln sehen.
Glockenkranz spielen.

Auf der großen Wiese hört man liebliche Musik. Die Feen schweben sanft tanzend über die Wiese.
Glockenkranz leise spielen.

Sie drehen sich leise im Kreis. Dabei funkeln ihre Kleider wunderschön.
Glockenkranz sanft spielen.

Nun beginnt ein neues Lied. Die Feen tanzen wild umher.
Glockenkranz schnell spielen.

Überall kann man die Feen lachen hören. Sie drehen sich und schweben auf und nieder.
Glockenkranz hin und her spielen.

Das macht Spaß! Auch die Sonne freut sich. Sie schickt noch mehr Sonnenstrahlen. Die Feenkleider funkeln immer heller.
Glockenkranz laut spielen.

So tanzen die Feen – mal wild und laut, mal langsam und leise.
Glockenkranz laut und leise spielen.

Am Abend sind sie glücklich, aber müde. Alle Feen schweben ruhig nach Haus,
Glockenkranz leise spielen.

denn der Feentanz ist nun aus.
Glockenkranz hinlegen.

Erdbeerpflücken

Klanggedicht

Instrument
Rassel

Alter: ab 1,5 Jahren

Die Sonne scheint heut wunderschön,
wir wollen Erdbeeren pflücken geh'n.
Rassel spielen.

Wir gehen hinaus in den Sonnenschein,
und werden bald am Erdbeerfeld sein.
Rassel spielen.

Das Erdbeerfeld ist riesengroß,
kommt, wir laufen jetzt schnell los!
Rassel schnell spielen.

Wir pflücken die Beeren, Stück für Stück,
Erdbeeren pflücken ist ein großes Glück.
Rassel schlagend spielen.

Zwischendurch naschen wir heimlich Erdbeeren,
darüber wird sich wohl keiner beschweren.
Rassel leise spielen.

Hier sehe ich noch eine,
wunderschöne rote kleine.
Rassel leise spielen.

Die stecke ich auch in meinen Mund,
denn Erdbeeren sind doch sehr gesund.
Rassel fröhlich spielen.

So gehen wir weiter, Stück für Stück,
Erdbeeren pflücken ist ein großes Glück.
Rassel schlagend spielen.

Der Korb ist voll, es gibt Applaus,
drum gehen wir fröhlich singend nach Haus.
Rassel fröhlich spielen.

Herbst

Obsternte

Klanggedicht

Alter: ab 3 Jahren

Instrument
Tisch (oder Trommel)

Seht euch mal die Bäume an,
Mit den flachen Händen auf dem Tisch reiben.
dort hängen viele Früchte dran!
Mit den Zeigefingern auf die Tischkante klopfen.

Jetzt im Herbst ist Erntezeit,
Mit den flachen Händen auf dem Tisch reiben.
macht euch zum Obstpflücken bereit!
Mit den Zeigefingern auf die Tischkante klopfen.

Wir gehen hin zum Apfelbaum.
Mit der flachen Hand auf den Tisch patschen.
So viele Äpfel hängen dort, man zählt sie kaum!
Mit den flachen Händen auf dem Tisch reiben.

Wir pflücken die Äpfel in den Korb hinein,
Mit den Fäusten auf den Tisch klopfen.
und tragen den Korb ins Haus herein.
Mit der flachen Hand auf den Tisch patschen.

Nun gehen wir zum Birnenbaum.
Mit der flachen Hand auf den Tisch patschen.
So viele Birnen hängen dort, man zählt sie kaum!
Mit den flachen Händen auf dem Tisch reiben.

Wir pflücken die Birnen in den Korb hinein,
Mit den Fingerknöcheln auf den Tisch klopfen.
und tragen den Korb ins Haus herein.
Mit der flachen Hand auf den Tisch patschen.

Nun gehen wir zum Pflaumenbaum.
Mit der flachen Hand auf den Tisch patschen.
So viele Pflaumen hängen dort, man zählt sie kaum!
Mit den flachen Händen auf dem Tisch reiben.

Wir pflücken die Pflaumen in den Korb hinein,
Mit den Fingerspitzen gleichzeitig auf den Tisch klopfen.
und tragen den Korb ins Haus herein.
Mit der flachen Hand auf den Tisch patschen.

Nun ist das ganze Obst gepflückt,
und das ist auch ein großes Glück.
Mit den Fingerspitzen auf dem Tisch kreisen.

Es fängt an zu regnen, die Erde wird nass,
im Regen Obst ernten macht keinen Spaß!
Mit den Fingerspitzen auf den Tisch trommeln.

Doch hier bei uns ist es warm im Haus,
wir essen jetzt Obst und die Geschichte ist aus.
Hände flach auf den Tisch legen.

Wildschwein Waldi

Klanggeschichte

Alter: ab 1,5 Jahren

Wildschwein Waldi lebt im Wald. Er läuft gerne durch das raschelnde Laub.
Mit den Fingerspitzen über den Tisch streichen.

Wildschwein Waldi hat Hunger. „Bald kommt der Winter, da muss ich jetzt viel fressen!", denkt er sich und geht los.
Mit den flachen Händen auf den Tisch patschen.

Er kommt zur großen Eiche. Hier liegen viele Eicheln auf dem Waldboden. Die frisst Wildschwein Waldi: „Mmh, sind die lecker!"
Mit allen Fingerspitzen gleichzeitig auf den Tisch greifen.

Er läuft weiter.
Mit den flachen Händen auf den Tisch patschen.

„Da steht die Buche, da finde ich leckere Bucheckern!" Wildschwein Waldi frisst so viele Bucheckern, bis keine mehr auf dem Waldboden liegen.
Mit allen Fingerspitzen gleichzeitig auf den Tisch greifen.

Sein Bauch ist nun voll. Wildschwein Waldi steht still und lauscht dem Wind.
Mit den flachen Händen auf dem Tisch reiben.

„Ja, das ist der Herbstwind", denkt er. „Bald kommt der Winter." Der Wind weht heftiger.
Mit den flachen Händen schneller auf dem Tisch reiben.

Auf einmal fallen dicke Regentropfen auf Wildschwein Waldi hinab.
Mit einzelnen Fingerspitzen auf den Tisch klopfen.

Wildschwein Waldi läuft los.
Mit den flachen Händen auf den Tisch patschen.

Ganz schnell rennt er nach Hause.
Mit den flachen Händen schnell auf den Tisch patschen.

Über seiner Kuhle ist ein Blätterdach. Dort ist es nicht so nass. Wildschwein Waldi legt sich hin. Er spürt noch einzelne Regentropfen auf dem Rücken.
Mit einzelnen Fingerspitzen auf den Tisch klopfen.

Der Wind rauscht durch die Bäume.
Mit den flachen Händen auf dem Tisch reiben.

„Ich glaube, ich schlafe ein bisschen", denkt sich Waldi und ist schon eingeschlafen.
Die Hände aneinanderlegen, an die Wange halten und Schnarchgeräusche machen.

Instrument
Tisch (oder Trommel)

Der kleine Igel Iggy

Klanggeschichte

Instrument
Wanne mit getrocknetem Laub

Alter: ab 2 Jahren

Iggy, der kleine Igel, wohnt im wunderschönen Wunderwald. Jetzt im Herbst ist es besonders schön im Wunderwald. Das Laub an den Bäumen ist bunt und viele Blätter liegen auf der Erde.

Igel Iggy mag es, durch das Laub zu laufen. Das raschelt so schön.

Auch an diesem Tag holt Igel Iggy tief Luft. Das Laub duftet so wunderbar nach Herbst. Igel Iggy hat Hunger und macht sich auf den Weg.

Er läuft zuerst durch den großen Laubhaufen, das macht so einen Spaß.

Nun geht er durch den Wald. Zwischen den Bäumen sucht er nach Futter. Dafür schiebt er das Laub zur Seite.

Hier findet er nichts zu fressen. Er geht ein Stück weiter durch das Laub.

Ob er unter diesem Baum etwas zu fressen findet? Er schiebt das Laub zur Seite.

Hmm, auch hier findet er nichts. Igel Iggy geht weiter durch das Laub.

Er kommt an den Waldrand. Neben dem Wald ist eine Wiese. Hier hat Igel Iggy Glück. Ein Regenwurm kriecht gerade aus der Erde. Mmh, ist der lecker. Igel Iggy findet auch noch ein paar Käfer, Nüsse und Beeren. Mit vollem Bauch geht er zu seinem Unterschlupf zurück.

Er läuft durch das Laub unter den Bäumen.

Kurz vor seinem Unterschlupf krabbelt er wieder durch den Laubhaufen. Das raschelt so schön.

Nun legt sich Igel Iggy schlafen. Beim Einschlafen hört er noch das Laub im Wind rascheln. Er kann es kaum erwarten, morgen wieder durch das Laub zu laufen!

Und so geht's:
Die Kinder rascheln nach jedem Absatz mit den Händen in der Laubwanne. Riechen sie auch den Duft des Laubes?

Regentropfenreise

Körperklanggeschichte

Alter: ab 1,5 Jahren

Am Himmel sind Regenwolken. Die Regentropfen sitzen in der Regenwolke und fliegen sanft im Wind.
Hände leise und langsam reiben.

Auf einmal wird der Wind stärker. Die Regentropfen werden herumgeschüttelt.
Hände lauter und schneller reiben.

Plötzlich geht die Wolkentür auf und die Regentropfen fallen aus der Wolke.
Bei „Plötzlich" 1x in die Hände klatschen.

Zuerst fallen die Regentropfen leise zur Erde hinab.
Den einen Arm langsam und leise von der Schulter zur Hand hinabstreichen.

Ganz sanft und sacht fliegen sie.
Den anderen Arm langsam und leise von der Schulter zur Hand hinabstreichen.

Der Wind weht hier erst sanft, doch dann wird er stärker.
Hände leise reiben, dann lauter werden.

Die Regentropfen werden herumgewirbelt. Ganz schnell fliegen sie durch den Himmel.
Hände laut und schnell reiben.

Schon bald platschen ein paar Regentropfen auf die Erde. Zuerst sehr leise.
Leise mit der flachen Hand auf die Oberschenkel patschen.

Dann wird das Patschen immer lauter.
Mit der flachen Hand auf die Oberschenkel patschen, dabei lauter werden.

Die Regentropfen fallen und schon macht es „platsch" – sie landen in einer Pfütze.
Bei „platsch" laut in die Hände klatschen.

Viele andere Regentropfen landen in der Pfütze: Platsch, platsch, platsch, platsch.
Bei jedem „Platsch" 1x in die Hände klatschen.

Hier in der Pfütze ist es toll. Die Regentropfen können herrlich schwimmen.
Hände auf den Oberschenkeln vor und zurück reiben, mehrmals wiederholen.

Manchmal springen sie aus der Pfütze und landen mit einem „Platsch" wieder im Wasser: Sprung, platsch, Sprung, platsch, Sprung, platsch.
Bei „Sprung" mit den Fingerspitzen auf der Brust kratzen, bei „platsch" in die Hände klatschen.

„Das macht viel mehr Spaß, als in der Wolke zu sitzen!", denken die Regentropfen. Und während sie gemütlich schwimmen, rauscht der Wind leise über ihren Köpfen.
Hände reiben.

Raschelndes Laub

Klanggeschichte

Instrument
2 Zeitungspapierbälle (für jedes Kind)

Alter: ab 2 Jahren

Wir machen heute einen Waldspaziergang. An den Bäumen hängt buntes Laub. Wir können es im Wind rascheln hören.
Zeitungsbälle aneinanderreiben.

Wenn der Wind kräftig weht, raschelt das Laub lauter.
Zeitungsbälle schneller aneinanderreiben.

Wenn der Wind nur ein bisschen weht, raschelt das Laub leiser.
Zeitungsbälle langsam und leise aneinanderreiben.

Es liegt schon viel Laub auf der Erde. Wir laufen durch das Laub. Es raschelt unter unseren Füßen.
Zeitungsbälle aneinanderreiben.

Wir können in dem Laub stampfen, das macht Spaß!
Zeitungsbälle schnell aneinanderpatschen.

Lasst uns ein paar bunte Blätter in die Luft werfen!
Zeitungsbälle langsam aneinanderpatschen.

Nun segeln die bunten Blätter langsam auf uns herab. Das kitzelt und fühlt sich gut an.
Zeitungsbälle leise aneinanderreiben.

Dort liegt ein großer Blätterhaufen, lasst uns hineinspringen. Hui!
Zeitungsbälle aneinanderpatschen.

Der Wald macht im Herbst richtig viel Spaß! Ich mag es, wenn das Laub unter meinen Füßen raschelt. Lasst uns noch einmal durch das Laub laufen.
Zeitungsbälle schnell aneinanderreiben.

Nun bin ich müde. Lasst uns nach Hause gehen und auf dem Weg dem Wind in den Bäumen lauschen.
Zeitungsbälle langsam aneinanderreiben.

Die kleine Hexe Esra

Klanggeschichte

Alter: ab 3 Jahren

Die kleine Hexe Esra wohnt in einem kleinen Hexenhäuschen im Wald. Sie liebt es, auf ihrem Besen durch den Wald zu fliegen.
Den Schlägel über die Klangstäbe hin und her gleiten lassen.

Sie fliegt hin und her und um die Bäume herum.
Den Schlägel über die Klangstäbe hin und her gleiten lassen.

Wenn sie Tiere sieht, fliegt sie ganz leise. So erschrecken sich die Tiere nicht.
Den Schlägel leise über die Klangstäbe hin und her gleiten lassen.

Manchmal fliegt sie hoch über den Bäumen ...
Die hohen Töne anschlagen.

... manchmal auch tief über dem Boden.
Die tiefen Töne anschlagen.

Eines Tages passiert etwas. Die kleine Hexe Esra fliegt tief im Wald und übersieht einen Baumstamm. Sie bleibt hängen und – knack, ist ihr Besen zerbrochen!
Einen tiefen Ton anschlagen.

„Oh nein!“, denkt die kleine Hexe Esra. „Mein schöner Besen! Wie soll ich denn jetzt nach Hause kommen?“ Langsam und traurig geht sie los.
Die Klangstäbe langsam von tief nach hoch anschlagen.

Sie trifft das Eichhörnchen. „Was ist los?“, fragt es. „Mein Besen ist kaputt, ich muss zu Fuß nach Hause laufen“, sagt die kleine Hexe traurig. Das Eichhörnchen denkt nach und hüpft los.
Einzelne Töne locker anspielen.

Instrument
Xylophon
(oder Metallophon)

Dann trifft die kleine Hexe den Buntspecht. „Was ist los?", fragt er. „Mein Besen ist kaputt, ich muss zu Fuß nach Hause laufen", sagt die kleine Hexe traurig. Der Buntspecht denkt nach und fliegt los.

Den Schlägel über die Klangstäbe von tief nach hoch gleiten lassen.

Als Nächstes trifft die kleine Hexe das Wildschwein. „Was ist los?", fragt es. „Mein Besen ist kaputt, ich muss zu Fuß nach Hause laufen", sagt die kleine Hexe traurig. Das Wildschein denkt nach und galoppiert davon.

Einzelne Töne locker und schnell anspielen.

Die Althexe Aradia landet neben ihr. „Hallo kleine Hexe Esra. Die Tiere haben mich gerufen, damit ich dir helfe." Die kleine Hexe freut sich. Die Althexe Aradia hebt ihren Zauberstab, schwingt ihn …

Den Schlägel leise über die Klangstäbe hin und her gleiten lassen.

… und schon ist der Besen der kleinen Hexe wieder heil. „Vielen Dank!", sagt die kleine Hexe Esra und fliegt glücklich nach Hause.

Den Schlägel über die Klangstäbe von tief nach hoch gleiten lassen.

Die kleine Hexe geht traurig weiter.

Die Klangstäbe langsam von tief nach hoch anschlagen.

Sie kommt an den Fluss. Das Wasser rauscht über die Steine.

Den Schlägel über die Klangstäbe von hoch nach tief gleiten lassen.

Die kleine Hexe bleibt stehen. „Was soll ich nur machen?", überlegt sie. Da hört sie ein Geräusch.

Den Schlägel über die Klangstäbe von hoch nach tief gleiten lassen.

Gespenstertanz

Körperklanggedicht

Alter: ab 1,5 Jahren

Mitten in der dunklen Nacht,
sind die Gespenster aufgewacht.
Gespenstergeheul nachahmen.

Oben durch das Burgturmfenster,
sehe ich viele kleine Gespenster.
Mit den Fingerspitzen leise die Brust kratzen.

Sie fliegen im Tanze lustig umher,
denn das mögen die Gespenster sehr.
Hände reiben.

Manchmal höre ich etwas rappeln,
wenn die Gespenster im Tanze zappeln.
Auf die Oberschenkel patschen.

Ihre Ketten rasseln auch,
denn das ist der Gespenstertanzbrauch.
Mit den Fingerspitzen auf die Brust klopfen.

Nun fangen sie zu singen an –
jedes Gespenst singt, so schön es kann!
Gespenstergeheul nachahmen.

So tanzen sie fröhlich im Burgturmsaal.
Doch dann schlägt die Turmuhr zwölf Mal:
1, 2, 3, 4, 5, 6, 7, 8, 9, 10, 11, 12.
Bei jeder Zahl in die Hände klatschen.

Die Gespenster fliegen nun müde nach Haus,
und der Gespenstertanz ist für heute Nacht aus.
Hände leise reiben.

Herbstwind

Klanggeschichte

Instrument

Trommel

Alter: ab 1,5 Jahren

Der warme Sommer ist vorbei, der Herbst ist gekommen. Im Herbst weht oft der Wind.

Mit der Handfläche auf der Trommel reiben.

Mal weht er stürmisch und schnell ...

Schnell mit der Handfläche auf der Trommel reiben.

... mal weht er langsam und leise.

Langsam mit der Handfläche auf der Trommel reiben.

Mal weht er ohne Unterbrechung ...

Hände im Kreis auf der Trommel reiben.

... mal weht er in Böen.

Kurz und ruckartig mit einer Hand über die Trommel reiben.

Und manchmal weht der Wind Stöcke vor sich her, dann klappert es im Wald und auf den Wegen.

Mit den Fingerspitzen auf die Trommel klopfen.

Wenn der Wind Blätter vor sich her weht, hört man das kaum, es raschelt nur ein wenig.

Mit den Fingerspitzen auf der Trommel reiben.

Manchmal ist der Wind stürmisch, sodass Äste vom Baum fallen. Die Äste donnern auf die Erde.

Mit der flachen Hand auf die Trommel klopfen.

Der Sturm tobt dann heftig.

Schnell mit der Handfläche auf der Trommel reiben.

Doch irgendwann ist der Sturm vorbei und alles wird wieder still.

Langsam mit der Handfläche auf der Trommel reiben, Hände von der Trommel nehmen.

Drachenflug

Klanggeschichte

Alter: ab 3 Jahren

Instrument
Xylophon

Heute ist ein schöner Herbsttag. Karim und Nuria möchten ihren Drachen steigen lassen. Sie gehen auf die große Wiese.
Einzelne Klangstäbe anschlagen.

Sie packen ihren Drachen aus. Es ist ein bunter Drachen mit Flatterbändern an den Spitzen. Schon beim Auspacken zappeln die Flatterbänder im Wind.
Einzelne Klangstäbe schneller anschlagen.

„Sieh mal, der Drachen möchte schon losfliegen!", freut sich Karim. Nuria lacht: „Dann wollen wir ihn mal schnell steigen lassen!" Schon ist der Drachen aufgebaut und der Drachenflug geht los. Der Drachen steigt zuerst langsam in die Luft.
Klangstäbe von tief nach hoch einzeln anschlagen.

Dann packt der Wind den Drachen und schiebt ihn schnell nach oben.
Schlägel schnell von tief nach hoch gleiten lassen.

Jetzt schwebt der Drachen ruhig im Wind.
Schlägel langsam auf den Klangstäben hin und her gleiten lassen.

Ganz sanft schwebt er hin und her.
Schlägel langsam auf den Klangstäben hin und her gleiten lassen.

„Unser Drachen fliegt!" Nuria strahlt. Da kommt ein großer Windstoß. Der Drachen wird hin und her geschleudert.
Schlägel schnell auf den Klangstäben hin und her gleiten lassen.

Im nächsten Moment fliegt er steil nach unten und fällt auf den Boden.
Schlägel schnell von hoch nach tief gleiten lassen, den tiefsten Klangstab 1x anschlagen.

„Oh nein, hoffentlich ist der Drachen nicht kaputt!", ruft Karim. Schnell läuft er zum Drachen hin.
Einzelne Klangstäbe schnell anschlagen.

Nuria läuft hinterher.
Einzelne Klangstäbe schnell anschlagen.

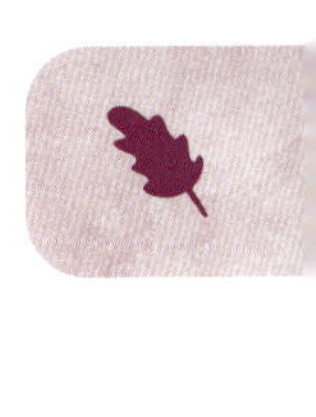

„Ist er heil?“, möchte sie wissen. Karim sieht sich den Drachen an. „Ja, er ist heil geblieben. Wir können ihn wieder fliegen lassen.“ Der Drachen startet wieder. Er steigt langsam in die Höhe.
Schlägel langsam von tief nach hoch gleiten lassen.

Langsam weht er hin und her.
Schlägel auf den Klangstäben langsam hin und her gleiten lassen.

Eine ganze Weile fliegt der Drachen ruhig und ist wunderschön anzusehen.
Schlägel langsam auf den Klangstäben hin und her gleiten lassen.

Da wird der Wind stärker und der Drachen macht lustige Loopings.
Schlägel schnell auf den Klangstäben hin und her gleiten lassen.

Ganz schnell dreht er sich um sich selbst.
Schlägel langsam auf den Klangstäben hin und her gleiten lassen und einzelne Klangstäbe anschlagen.

„Pass auf, dass der Drachen nicht wieder abstürzt!“, meint Nuria. Karim lacht. „Nein, dieses Mal bin ich stärker als der Wind.“ Er lässt den Drachen hin und her fliegen. Das macht Spaß!
Schlägel auf den Klangstäben hin und her gleiten lassen.

Nun wird der Wind ruhiger. Der Drachen fliegt langsam in der Luft.
Schlägel langsam auf den Klangstäben hin und her gleiten lassen.

Schließlich sinkt er sanft zum Boden.
Klangstäbe von hoch nach tief einzeln anschlagen.

Der Wind weht nicht mehr. „Das hat Spaß gemacht!“, finden Karim und Nuria und gehen mit ihrem Drachen nach Hause.
Einzelne Klangstäbe anschlagen.

Laternenfest

Klanggeschichte

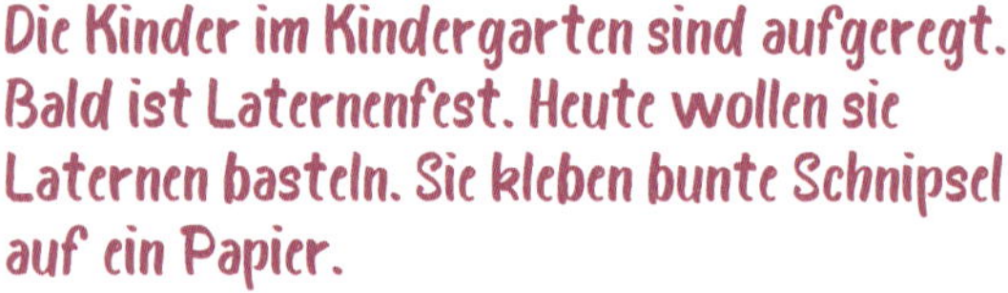

Die Kinder im Kindergarten sind aufgeregt. Bald ist Laternenfest. Heute wollen sie Laternen basteln. Sie kleben bunte Schnipsel auf ein Papier.
Einzelne Klangstäbe anschlagen.

Viele Schnipsel in Gelb, Blau, Grün und Rot. Überall kleben sie bunte Schnipsel auf.
Einzelne Klangstäbe anschlagen.

Bald ist die Laterne fertig. Ein Licht kommt hinein, das leuchtet wunderschön.
Den Schlägel von tief nach hoch über die Klangstäbe gleiten lassen.

Die Kinder singen Laternenlieder.
Den Schlägel hin und her über die Klangstäbe gleiten lassen.

Hell klingen ihre Stimmen durch den Kindergarten.
Den Schlägel hin und her über die Klangstäbe gleiten lassen.

Beim Laternenfest gehen alle hintereinander durch den Park.
Einzelne Klangstäbe von tief nach hoch und umgekehrt anspielen.

Sie singen Lieder. Das ist schön.
Den Schlägel hin und her über die Klangstäbe gleiten lassen.

Am Schluss stehen alle um ein Lagerfeuer. Das Feuer brennt und knistert lustig.
Einzelne Klangstäbe anschlagen.

Nun gehen alle müde nach Hause und freuen sich auf das nächste Laternenfest.
Einzelne Klangstäbe von tief nach hoch und umgekehrt anspielen.

Instrument
Glockenspiel

Die Herbstmaus

Klanggedicht

Alter: ab 1,5 Jahren

Instrument
Rasseln

Am Morgen schaut aus ihrem Haus,
die Herbstmaus durch das Fenster raus.
Es ist fast kein Blatt mehr an dem Baum,
und auch die Sonne sieht man kaum.
Rasseln leicht schütteln.

Die Herbstmaus merkt: „Brrr, was ist das kalt!
Ich glaube, nun kommt der Winter bald!
Dann finde ich nichts zu essen mehr,
und meine Vorratskammer ist auch leer."
Rasseln drehen.

So läuft schnell aus ihrem Haus,
die Herbstmaus zu der Tür hinaus.
Sie sammelt Nüsse, die schmecken fein,
und auch Körner bringt sie heim.
Rasseln stärker schütteln.

Jetzt ist die Vorratskammer wieder voll,
die Herbstmaus jubelt: „Das ist toll!
Nun werd ich keinen Hunger haben,
und auch keinen knurrenden Magen!"
Rasseln stark schütteln.

So legt sie sich hin in aller Ruh,
und macht ihre Augen zu.
Die Herbstmaus träumt einen schönen Traum,
vom Festmahl unterm Weihnachtsbaum.
Rasseln leicht schütteln.

Die kleinen Bären Bodo und Bert

Klanggeschichte

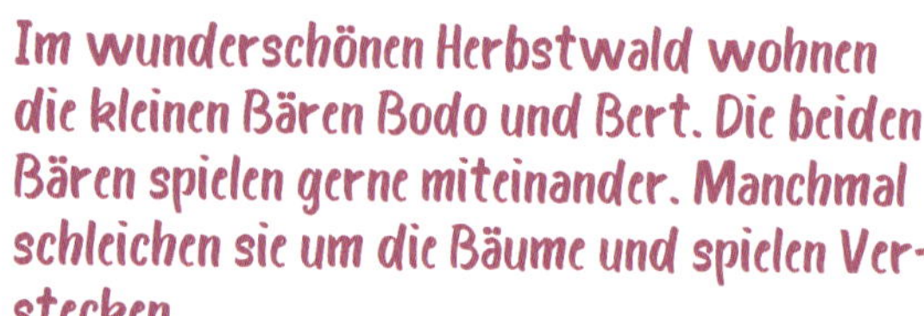

Alter: ab 3 Jahren

Im wunderschönen Herbstwald wohnen die kleinen Bären Bodo und Bert. Die beiden Bären spielen gerne miteinander. Manchmal schleichen sie um die Bäume und spielen Verstecken.
Mit dem Schlägel über die Klangstäbe gleiten.

Manchmal balancieren sie auf Baumstämmen …
Die Klangstäbe von tief nach hoch und umgekehrt anschlagen.

… oder sie machen ein Wettrennen durch den Wald.
Einzelne Klangstäbe schnell anschlagen.

Den beiden wird nie langweilig. Eines Tages sagt Bodo: „Wollen wir heute Beeren sammeln? Ich habe Hunger.“ Bert meint: „Ja, das ist eine gute Idee.“ Die beiden gehen durch den Wald.
Einzelne Klangstäbe mit Pausen von tief nach hoch anschlagen.

Sie kommen an einen riesigen Beerenstrauch und essen sich so richtig satt.
Einzelne Klangstäbe schnell anschlagen.

„Mmh, das war lecker!“, sagt Bert. „Nun bin ich müde.“ Auch Bodo gähnt. Die beiden legen sich hin und schlafen ein.
Den Schlägel über die Klangstäbe gleiten lassen.

Als sie wach werden, knurrt ihnen wieder der Magen. „Wollen wir heute Bucheckern sammeln?“, fragt Bert. „Ja, die mag ich auch!“, sagt Bodo. Die beiden Bären gehen los.
Einzelne Klangstäbe mit Pausen von tief nach hoch anschlagen.

Schon bald sind sie an der Buche angekommen. Viele Bucheckern liegen auf dem Waldboden. Die beiden fressen sich satt.
Einzelne Klangstäbe schnell anschlagen.

Instrument
Xylophon

„Mmh, das war lecker!“, sagt Bodo. „Nun bin ich müde.“ Auch Bert gähnt. Die beiden legen sich hin und schlafen ein.
Den Schlägel über die Klangstäbe gleiten lassen.

Als sie wach werden, knurrt ihnen der Magen. „Wollen wir heute Pilze sammeln?“, fragt Bodo. „Ja, die mag ich auch!“, sagt Bert. Die beiden Bären gehen los.
Einzelne Klangstäbe mit Pausen von tief nach hoch anschlagen.

Auf dem Weg zu ihrer Bärenhöhle finden sie viele Pilze. Sie sammeln hier einen Pilz und dort einen Pilz. Hier liegt einer und da liegt einer.
Einzelne Klangstäbe bei den Wörtern „hier“, „dort“ und „da“ anschlagen.

Bald sind sie an der Bärenhöhle angekommen. „Mmh, das war lecker!“, sagt Bert. „Nun bin ich müde.“ Auch Bodo gähnt. Die beiden legen sich hin und schlafen ein.
Den Schlägel hin und her über die Klangstäbe gleiten lassen.

Heute sind sie richtig satt und schlafen tief und fest. Sie träumen davon, wie sie Verstecken spielen ...
Mit dem Schlägel über die Klangstäbe gleiten.

... auf Baumstämmen balancieren ...
Die Klangstäbe von tief nach hoch und umgekehrt anschlagen.

... und ein Wettrennen machen.
Einzelne Klangstäbe schnell anschlagen.

Ganz tief und fest schlafen die kleinen Bären Bodo und Bert. Und wenn man ganz genau hinhört, kann man sie leise schnarchen hören.
Den Schlägel leise hin und her über die Klangstäbe gleiten lassen.

Winter

Wildes Schneetreiben

Klanggedicht

Alter: ab 3 Jahren

Seht mal, der Schnee fällt da draußen vom Himmel,
die Flocken fallen in leisem Gewimmel.
Mit den Fingerspitzen leise auf den Tisch klopfen.

Der Wind lässt die Flocken ganz sanft fliegen,
Mit den Fingerspitzen leise auf den Tisch klopfen.
still bleiben sie auf der Erde nun liegen.
Die flache Hand auf dem Tisch liegen lassen.

Doch auf einmal zieht ein Sturmtief auf,
die Flocken wirbeln herunter und wieder herauf!
Die Handflächen im Kreis, nach oben und unten auf dem Tisch reiben.

Die Flocken fliegen nun schnell im Wind,
sie fliegen und wirbeln herum geschwind.
Die Handflächen schnell im Kreis auf dem Tisch reiben.

Ein Schneesturm treibt die Flocken hin und her,
die Flocken wirbeln immer mehr!
Die Handflächen kreuz und quer vor sich auf dem Tisch reiben.

Doch nun wird der Wind wieder leise,
die Flocken fallen in ruhiger Weise.
Die Hände ruhig liegen lassen, mit den Fingerspitzen leise auf den Tisch klopfen.

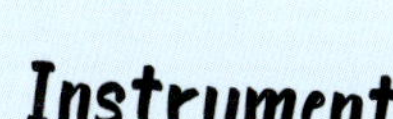

Instrument

Tisch (oder Trommel)

Ganz sanft segeln sie zur Erde nieder,
und segeln und segeln immer wieder.
Mit den Fingerspitzen leise auf den Tisch klopfen.

Dann hört das Schneetreiben auf,
die Kinder laufen zum Spielen hinaus.
Mit den Fäusten abwechselnd auf den Tisch klopfen.

Die Kinder laufen draußen hin und her,
im Schnee spielen gefällt ihnen sehr.
Mit den Fäusten abwechselnd hin und her auf den Tisch klopfen.

Die Kinder hüpfen auf und nieder,
und das machen sie immer wieder.
Die Fäuste parallel auf den Tisch klopfen.

Dann schleichen die Kinder leise
auf ihrer fröhlichen Schneespielreise.
Mit den Zeigefingern leise an die Tischkante klopfen.

Auf einmal fällt wieder Schnee vom Himmel,
die Flocken fallen in leisem Gewimmel.
Mit den Fingerspitzen leise auf den Tisch klopfen.

Die Kinder gehen zurück ins Haus,
und die Geschichte ist nun aus.
Mit den Fäusten leise auf den Tisch klopfen, Hände auf dem Tisch liegen lassen.

Eichhörnchen Ede im Winterwald

Klanggeschichte

Alter: ab 3 Jahren

Instrument
Tisch (oder Trommel)

Im Winterwald fallen dicke Schneeflocken auf die Erde herab.
Mit den Fingerspitzen leise auf den Tisch klopfen.

„Juchhu, Schnee!" Eichhörnchen Ede freut sich. Fröhlich hüpft er auf den Bäumen herum.
Mit den Fingerspitzen parallel auf den Tisch klopfen.

„Was mach ich jetzt?", überlegt Ede. Mit einem großen Hüpfer springt er auf die Erde.
Mit den flachen Händen 1x auf die Tischplatte patschen.

Eichhörnchen Ede sieht hoch. Schneeflocken rieseln und landen auf seiner Nase.
Mit den Fingerspitzen leise auf den Tisch klopfen.

„Der Schnee ist kalt und kitzelt mich." Ede schließt die Augen und genießt die Schneeflocken.
Mit den Fingerspitzen leise auf den Tisch klopfen.

Er macht die Augen wieder auf. „Ich habe Hunger. Ich muss mir etwas zu essen suchen!" Eichhörnchen Ede hüpft los.
Mit den Fingerspitzen parallel auf den Tisch klopfen.

„Wo sind meine Nüsse?", überlegt Eichhörnchen Ede und hüpft hin und her.
Mit den Fäusten auf den Tisch klopfen.

„Oh, ich glaube, hier kann ich sie riechen!" Ede fängt an zu graben.
Mit Fingerspitzen auf der Tischplatte zupfen.

Schnell hat er seine Nüsse gefunden. Er knackt die erste Nuss ...
Mit der Faust 1x auf die Tischplatte stampfen.

... und knabbert sie. „Mmh, ist die lecker!"
Mit den Zeigefingern an die Tischkante klopfen.

Er knackt die zweite Nuss ...
Mit der Faust 1x auf die Tischplatte stampfen.

... und frisst sie.
Mit den Zeigefingern an die Tischkante klopfen.

Er knackt die dritte Nuss ...
Mit der Faust 1x auf die Tischplatte stampfen.

... und futtert sie.
Mit den Zeigefingern an die Tischkante klopfen.

„Nun bin ich satt und müde!" Eichhörnchen Ede springt zurück zu seinem Baum,
Mit den Fingerspitzen parallel auf den Tisch klopfen.

und kuschelt sich in seinen Kobel. Der Winterwind weht sanft in den Bäumen. Ede schläft ein.
Die Handflächen über den Tisch reiben.

Wildschweinrennen

Klanggeschichte

Alter: ab 3 Jahren

Heute ist ein spannender Tag im Winterwald. Die Wildschweine möchten ein Wettrennen machen. Aufgeregt tänzeln sie umeinander herum.
Leise und schnell auf die Schüssel klopfen.

Besonders Wildschwein Winfried ist nervös. Es ist sein erstes Rennen. Er springt auf der Stelle, denn sein Bauch kribbelt vor lauter Aufregung.
Laut und langsam auf die Schüssel klopfen.

Der Dachs ist Schiedsrichter. Er ruft: „Alle Teilnehmer stellen sich an die Startlinie!“ Die Wildschweine gehen an die Startlinie.
Ein paar Mal langsam auf die Schüssel klopfen.

Nun gibt der Dachs das Startzeichen: „Auf die Plätze, fertig, los!“ Die Wildschweine laufen los.
Schnell auf die Schüssel trommeln.

Wildschwein Winfried rennt auch los.
Schnell auf die Schüssel trommeln.

Da liegt ein Ast im Weg. Er springt darüber und rennt weiter.
1x laut auf die Schüssel klopfen und wieder schnell auf die Schüssel trommeln.

Nun kommt er an einen Fluss. Wildschwein Winfried springt hinein,
1x laut auf die Schüssel klopfen.

und schwimmt so schnell er kann.
Den Kochlöffel über der Schüssel reiben.

Am anderen Ufer klettert er aus dem Wasser und läuft weiter.
Mit dem Kochlöffel schnell auf die Schüssel trommeln.

„Oh, hier ist es aber matschig!“, denkt er. Wildschein Winfried kommt nur mit langsamen Schritten vorwärts.
Langsam und leise auf die Schüssel klopfen.

Instrument
Plastikschüssel
mit einem Kochlöffel

Nach ein paar Schritten geht es wieder besser. Er läuft weiter.
Mit dem Kochlöffel schnell auf die Schüssel trommeln.

Da liegt wieder ein Hindernis im Weg. Er springt und läuft weiter.
1x laut auf die Schüssel klopfen und schnell auf die Schüssel trommeln.

Da ist das nächste Hindernis. Er macht einen großen Sprung und läuft weiter.
1x laut auf die Schüssel klopfen und schnell auf die Schüssel trommeln.

„Puh, das war aber anstrengend!“ Wildschwein Winfried rennt weiter.
Schnell auf die Schüssel trommeln.

Nun muss er durch ein Gebüsch krabbeln. Das ist gar nicht so einfach! Es ist sehr eng.
Den Kochlöffel über der Schüssel reiben.

Aber Winfried hat es geschafft! Da vorne ist das Ziel! Wildschwein Winfried rennt so schnell er kann und …
Mit dem Kochlöffel schnell auf die Schüssel trommeln.

… rennt über die Ziellinie!
1x laut auf die Schüssel klopfen.

Geschafft! Die Wildschweine jubeln, das war ein tolles Rennen!
Schnell auf die Schüssel trommeln.

Wildschein Winfried freut sich, dass er im Ziel angekommen ist! „Nächstes Jahr mache ich wieder mit!“, denkt er und lächelt.
Den Kochlöffel über der Schüssel reiben.

Der Nikolaus

Körperklanggedicht

Alter: ab 1,5 Jahren

Der Nikolaus, der Nikolaus,
der stapft und stapft von Haus zu Haus.
Mit den Füßen trampeln.

Er legt die Hand auf den Türknauf
und macht dann leis die Türe auf.
Hände leise reiben.

Er blickt vorsichtig ins Haus,
geht still hinein, der Nikolaus.
Mit den Füßen leise trampeln.

Der Nikolaus, der schleicht nun leis,
zu den Schuh'n, wie jeder weiß.
Hände leise reiben.

Die Schuhe sind sauber und stehen gerade,
er legt dort hinein: Äpfel,
1x in die Hände klatschen.
Nüsse
Mit den Fingerspitzen auf die Brust trommeln.
und Schokolade.
Mit der flachen Hand auf die Brust patschen.

Der Nikolaus freut sich und schleicht hinaus
Hände reiben.
und stapft durch die Straßen zum nächsten Haus.
Mit den Füßen trampeln.

Ist das kalt!

Klanggedicht

Alter: ab 1,5 Jahren

Brrr, was ist das heute kalt!
Es ist so kalt, da frier ich bald!
Rasseln schütteln.

Mein Körper zittert, sieh mal her,
er zittert und zittert immer mehr.
Rasseln erst langsam, dann immer schneller schütteln.

Auch die Zähne klappern laut,
ich fühle mich nicht wohl in meiner Haut.
Rasseln stark schütteln.

Ich gehe jetzt einmal spazieren,
denn ich möchte nicht mehr frieren.
Mit den Füßen stampfen.

Die Zähne klappern nur noch leise,
ich gehe weiter hier im Kreise.
Leise rasseln, mit den Füßen stampfen.

Mein Körper wird nun wieder warm,
es zittern nur noch mein Bauch und mein Arm.
Leicht rasseln.

Ich gehe noch einmal herum im Kreis,
mein Zittern wird dabei ganz leis.
Leise rasseln, mit den Füßen auftippen.

Mir ist jetzt warm, sieh einmal her,
ich zittere nun gar nicht mehr!
Füße und Rasseln still halten.

Instrument
Rasseln
(oder Rasseleier)

Spuren im Schnee

Körperklanggeschichte

Alter: ab 3 Jahren

„Oh, es hat geschneit", ruft Ingmar. „Lass uns nach draußen gehen!", sagt Isra. Die beiden Kinder ziehen sich an und gehen hinaus.
Mit den Füßen trampeln.

Der Schnee knirscht unter ihren Füßen.
Mit den Fingerspitzen auf den Oberschenkeln zupfen.

„Sollen wir auf Spurensuche gehen?", fragt Isra. „Das ist eine tolle Idee!" Ingmar ist begeistert. Isra und Ingmar gehen los.
Mit den Füßen trampeln.

Der Schnee knirscht unter ihren Füßen.
Mit den Fingerspitzen auf den Oberschenkeln zupfen.

Die beiden sehen sich um. Schon entdecken sie die erste Spur: „Sieh mal, da ist ein Vogel im Schnee herumgehüpft!", ruft Ingmar. „Viele kleine Sprünge hat er gemacht!"
Mit den Fingerspitzen auf die Brust klopfen.

Die beiden freuen sich über die erste Spur im Schnee und gehen weiter.
Mit den Füßen trampeln.

Die Kinder kommen an einen Feldweg. „Sieh mal die breiten Reifenspuren. Hier ist ein Traktor entlanggefahren!", meint Isra. „Ja, das stimmt! Ich kann den Traktor fast noch hören!"
Die Hände auf den Oberschenkeln reiben, Motorgeräusche nachahmen.

„Was wir wohl als Nächstes entdecken?" Isra und Ingmar gehen weiter.
Mit den Füßen trampeln.

Schon nach ein paar Metern bleiben sie wieder stehen. „Guck mal, da, auf dem Feld. Was kann das sein?", fragt Isra. Ingmar weiß Bescheid: „Das war ein Hase! Zwei Abdrücke nebeneinander und zwei hintereinander. So ist der Hase durch den Schnee gehoppelt."
Mit den Händen parallel auf die Oberschenkel patschen.

Isra lacht. „Spurensuche macht Spaß! Was wir wohl als Nächstes entdecken?" Sie gehen weiter.
Mit den Füßen trampeln.

und kommen an den Waldrand. Hier ist die Erde durchwühlt. Ingmar meint: „Das war ein Wildschwein! Es hat in der Erde gegraben und was zum Fressen gesucht."
Mit den Fingerspitzen auf der Brust kratzen.

„Das stimmt!", weiß Isra. „Aber schau mal, hier sind die Hufabdrücke. Das Wildschwein ist wieder weggegangen."
Mit den Händen abwechselnd auf die Oberschenkel patschen.

„Und hier ist es gelaufen!"
Mit den Händen schnell abwechselnd auf die Oberschenkel patschen.

„Wohin es nur wollte?" „Das hatte bestimmt noch mehr Hunger und sucht jetzt woanders nach Würmern." Isra und Ingmar gehen noch eine Weile spazieren.
Mit den Füßen trampeln.

Sie sehen Spuren von hüpfenden Eichhörnchen,
Mit den Fingerspitzen auf die Brust klopfen.

schleichenden Füchsen
Hände reiben.

und flitzenden Mäusen.
Schnell und leise in die Hände klatschen.

Dann gehen sie zurück nach Hause.
Mit den Füßen trampeln.

Der Schnee knirscht unter ihren Füßen.
Mit den Fingerspitzen auf den Oberschenkeln zupfen.

„Das war eine tolle Spurensuche! Wir waren richtige Detektive", finden Ingmar und Isra.
In die Hände klatschen.

Eisbärenrutschspaß

Klanggeschichte

Alter: ab 3 Jahren

Am Nordpol wohnen die Eisbären Ella und Emmi. Ella und Emmi spielen gerne miteinander. Sie lieben es, auf dem Eis Schlittschuh zu laufen.
Den Schlägel auf den Klangstäben hin und her gleiten lassen.

Manchmal machen sie auch eine Schneeballschlacht.
Einzelne Klangstäbe anspielen.

Heute hat Emmi eine neue Idee: „Ella, wollen wir einmal auf den Berg klettern und dann wieder herunterrutschen?" Die Idee findet Ella toll. Die Eisbärenmädchen gehen los.
Einzelne Klangstäbe anspielen.

Sie steigen den Berg hinauf. Schritt für Schritt. Schritt für Schritt. Und Schritt für Schritt.
Klangstäbe von tief nach hoch einzeln anspielen.

Der Berg ist steil, aber bald sind sie oben. Der Wind weht um ihre Nasen.
Den Schlägel auf den Klangstäben hin und her gleiten lassen.

Die Sonne streichelt ihr Gesicht.
Den Schlägel auf den Klangstäben hin und her gleiten lassen.

„Sollen wir jetzt rutschen?", fragt Emmi. Ella sieht den Berg hinunter und meint: „Ja, rutsch du zuerst!" Emmi setzt sich hin und rutscht los. Hui, macht das Spaß!
Den Schlägel von hoch nach tief über die Klangstäbe gleiten lassen.

Instrument
Metallophon

Schnell ist sie unten angekommen. Nun ist Ella an der Reihe. Sie setzt sich hin, rutscht los und gleitet langsam den Berg hinunter.
Den Schlägel langsam von hoch nach tief über die Klangstäbe gleiten lassen.

Dann lacht sie: „Geschafft!" Emmi ist begeistert: „Los, wir rutschen noch einmal!" Schon steigt sie den Berg wieder hinauf. Emmi ist dieses Mal schneller.
Klangstäbe schneller von tief nach hoch einzeln anspielen.

Ella geht langsamer hinterher.
Klangstäbe langsam von tief nach hoch einzeln anspielen.

„Ich rutsche wieder!", ruft Emmi und saust schon den Berg hinunter.
Den Schlägel von hoch nach tief über die Klangstäbe gleiten lassen.

Ella rutscht langsam hinter Emmi her.
Den Schlägel von hoch nach tief über die Klangstäbe gleiten lassen.

Sie gehen noch ein drittes Mal den Berg hinauf,
Klangstäbe von tief nach hoch einzeln anspielen.

und rutschen nacheinander wieder hinunter.
Den Schlägel 2x von hoch nach tief über die Klangstäbe gleiten lassen.

Emmi ist glücklich. „Die Rutsche haben wir gut entdeckt!" Auch Ella lacht. „Ja, aber nun wollen wir wieder eine Schneeballschlacht machen." Und schon hat sie den ersten Schneeball geworfen.
Einen Klangstab anspielen.

Fröhlich fliegen nun die Schneebälle hin und her.
Einzelne Klangstäbe flott anspielen.

Dann wird es Abend. Die Mädchen gehen schlafen. Nur noch der Wind weht sanft am Nordpol.
Den Schlägel leise auf den Klangstäben hin und her gleiten lassen.

Schneesturm beim Weihnachtsmann

Klanggeschichte

Alter: ab 3 Jahren

Instrument
Xylophon

Hoch am Nordpol wohnt der Weihnachtsmann. An einem Wintertag fällt der Schnee in dicken Flocken vom Himmel herab.
Einzelne Klangstäbe anschlagen.

Der Wind weht die Schneeflocken sanft durch die Luft.
Den Schlägel über die Klangstäbe gleiten lassen.

Der Weihnachtsmann geht aus dem Haus. Er möchte seine Rentiere füttern. Er stapft durch den Schnee zum Stall.
Einzelne Klangstäbe anschlagen.

Er öffnet die Stalltür.
Einen einzelnen Klangstab anschlagen.

Die Rentiere trappeln fröhlich mit den Hufen.
Einzelne Klangstäbe anschlagen.

„Guten Morgen! Nun gibt es Futter." Der Weihnachtsmann geht zur Rentierbox.
Einzelne Klangstäbe anschlagen.

Er kippt das Futter in den Trog.
Den Schlägel über die Klangstäbe gleiten lassen.

„Das wird euch schmecken. Leckerer Hafer mit Beeren!" Das ist ein gutes Frühstück. Das Getrappel der Rentiere wird lauter.
Einzelne Klangstäbe schneller anschlagen.

Der Weihnachtsmann freut sich, als er das genüssliche Schmatzen der Rentiere hört. „Hört ihr den Wind um den Stall wehen?", fragt er die Rentiere. Der Wind heult auf.
Den Schlägel fester über die Klangstäbe gleiten lassen.

Die Dachziegel auf dem Dach klappern.
Einzelne Klangstäbe anschlagen.

„Ich glaube, das wird ein richtiger Schneesturm. Lasst es euch schmecken, ich komme später noch einmal wieder.“ Der Weihnachtsmann öffnet die Stalltür.
Einen einzelnen Klangstab anschlagen.

Ein eisiger Wind weht ihm ins Gesicht.
Den Schlägel schnell über die Klangstäbe gleiten lassen.

Die Schneeflocken wehen heftig.
Einzelne Klangstäbe schnell anschlagen.

Er schließt die Stalltür wieder.
Einen einzelnen Klangstab anschlagen.

„Ich glaube, ich bleibe lieber bei euch.“ Während der Wind draußen heult,
Den Schlägel schnell über die Klangstäbe gleiten lassen.

und die Schneeflocken wild umherfliegen,
Einzelne Klangstäbe schnell anschlagen.

kuschelt sich der Weihnachtsmann an seine Rentiere. Er streichelt sie und unterhält sich mit ihnen.
Den Schlägel sanft über die Klangstäbe gleiten lassen.

Nach einiger Zeit weht der Wind weniger.
Den Schlägel über die Klangstäbe gleiten lassen.

Der Weihnachtsmann geht zur Stalltür und öffnet sie.
Einzelne Klangstäbe laut anschlagen.

Die Schneeflocken tanzen nun wieder sanft durch die Luft.
Einzelne Klangstäbe langsam anschlagen.

Der Weihnachtsmann stapft zurück zu seinem Haus.
Einzelne Klangstäbe anschlagen.

Er setzt sich in seinen Lehnsessel und blickt ins Kaminfeuer. Das Feuer prasselt lustig. Manchmal hört er noch den Wind ums Haus wehen.
Den Schlägel über die Klangstäbe gleiten lassen.

Doch der Wind weht so leise, dass der Weihnachtsmann einschläft.
Den Schlägel langsam über die Klangstäbe gleiten lassen.

Wichteltanz

Klanggeschichte

Alter: ab 1,5 Jahren

Kleine Wichtel leben überall. Sie haben ein Glöckchen an ihrer roten Mütze.
Glockenkranz spielen.

Das Glöckchen klingelt leise, wenn die Wichtel herumeilen.
Glockenkranz leise spielen.

Heute treffen sich die Wichtel zum Wichteltanz. Man hört die Wichtel von weit her kommen. Die Glöckchen klingen leise.
Glockenkranz leise spielen.

Die Wichtel kommen näher, die Glöckchen klingen lauter.
Glockenkranz lauter spielen.

Bald sind alle Wichtel zusammen. Ein Glockengewirr ist zu hören.
Glockenkranz laut spielen.

Nun beginnt der Tanz. Die Wichtel wiegen sich langsam hin und her.
Glockenkranz langsam hin und her bewegen.

Dann wird der Tanz lebendiger.
Glockenkranz schneller spielen.

Später tanzen die Wichtel wild herum. Sie drehen sich und hüpfen, springen und tanzen, dass ihnen schwindelig wird.
Glockenkranz schnell und laut spielen.

Bald sind alle aus der Puste und wiegen sich wieder langsam hin und her.
Glockenkranz langsam hin und her bewegen.

So geht es den ganzen Abend: Es gibt wilde Tänze,
Glockenkranz schnell und laut spielen.

und ruhige Tänze.
Glockenkranz langsam hin und her bewegen.

Als das Fest vorbei ist, gehen die Wichtel nach Hause. Erst hört man sie laut,
Glockenkranz laut spielen.

dann immer leiser.
Glockenkranz leiser werdend spielen.

Zum Schluss hört man sie gar nicht mehr.
Glockenkranz still halten.

Doch wenn du leise bist, kannst du vielleicht einen Wichtel hören, wenn er an deinem Haus vorbeigeht.
Glockenkranz leise spielen.

Instrument
Glockenkranz

Sterne am Himmelszelt

Klanggedicht

Alter: ab 1,5 Jahren

Instrument
Glockenkranz

Hörst du die lieben Sterne klingen?
Wie sie hell ihr Liedlein singen?
Glockenkranz spielen.

Sie singen mal laut,
Glockenkranz laut spielen.

und singen mal leise,
Glockenkranz leise spielen.

jeder Stern singt auf seine Weise.
Glockenkranz laut und leise spielen.

Der eine singt langsam,
Glockenkranz langsam spielen.

der andere schnell.
Glockenkranz schnell spielen.

Der eine singt dunkel,
Glockenkranz spielen, beim Spielen nach unten halten.

der andere hell.
Glockenkranz spielen, beim Spielen nach oben halten.

Die Sterne singen am Himmelszelt,
ihren Gesang hört man auf der ganzen Welt.
Glockenkranz spielen.

Yara und die Weihnachtsklänge

Klanggeschichte

Alter: ab 2,5 Jahren

Bald ist Weihnachten. Yara geht auf den Weihnachtsmarkt. Dort gibt es viel zu sehen, zu riechen und zu hören. Mitten auf dem Weihnachtsmarkt steht ein großer Weihnachtsbaum. Hier bleibt Yara stehen, schließt die Augen und lauscht. Sie hört Menschen, die hin und her gehen.
Den Schlägel über das Glockenspiel hin und her gleiten lassen.

Viele Menschen stehen herum und unterhalten sich.
Einzelne Klangstäbe anspielen.

Leise Weihnachtsmusik erklingt aus den Weihnachtsmarktbuden.
Einzelne Klangstäbe leise anspielen.

Der Wind rauscht ruhig durch den Weihnachtsbaum.
Den Schlägel über das Glockenspiel hin und her gleiten lassen.

Die Weihnachtskugeln stoßen aneinander und erklingen sanft.
Einzelne Klangstäbe leise und mit Pausen anspielen.

Das Kinderkarussell dreht sich, Kinder lachen.
Den Schlägel über das Glockenspiel hin und her gleiten lassen.

Nun singt ein Chor. Das Lied klingt erst tief,
Tiefe Klangstäbe anschlagen.

und dann hoch.
Hohe Klangstäbe anschlagen.

Jetzt klingt die Melodie fröhlich.
Einzelne Klangstäbe locker und beschwingt anspielen.

Yara gefällt das Lied. Nun hört Yara hell ein Glöckchen klingen.
Einzelne hohe Töne anspielen.

Feine helle Töne hört sie.
Einzelne hohe Töne leise anspielen.

Yara öffnet die Augen. Sie sieht ein Kind mit einer Rentiermütze mit Glöckchen dran. Sie denkt: „Wie schön wäre es gewesen, wenn das die Glöckchen vom Weihnachtsmann gewesen wären.“
Den Schlägel langsam über das Glockenspiel gleiten lassen.

Instrument
Glockenspiel

Nussklopftanz

Klanggedicht

Alter: ab 1,5 Jahren

Seht euch mal die Nuss hier an,
wie schön die Nuss doch tanzen kann.
Eine Nuss in die Höhe halten und hin und her drehen.

Seht euch mal die Nuss hier an,
wie schön die Nuss doch tanzen kann.
Die andere Nuss in die Höhe halten und hin und her drehen.

Und nun tanzen sie zu zweit,
sind zum Nussklopftanz bereit.
Nüsse aneinanderklopfen.

Instrument
2 Walnüsse
(für jedes Kind)

Sie tanzen hier,
Nüsse über dem Kopf aneinanderklopfen.
und tanzen da,
Nüsse nach unten haltend aneinanderklopfen.
das macht Spaß – hurra, hurra!
Nüsse vor den Bauch haltend aneinanderklopfen.

Sie tanzen links, sie tanzen rechts,
sie klopfen wie ein kleiner Specht.
Nüsse erst rechts, dann links haltend aneinanderklopfen.

Sie tanzen langsam und auch schnell,
das klingt fast wie Hundegebell.
Nüsse langsam, dann schnell aneinanderklopfen.

Doch ganz plötzlich, ach oh Schreck,
läuft die Nuss auf einmal weg.
Die eine Nuss hinter dem Rücken verstecken.

Auch diese Nuss geht nun nach Haus
und der Nusstanz ist jetzt aus.
Die andere Nuss hinter dem Rücken verstecken.

In dieser Reihe sind bereits erschienen:

Fingerspiele
ISBN: 978-3-96046-084-8

Streichelspiele & Massagegeschichten
ISBN: 978-3-96046-086-2

Mitmachgeschichten & Mitmachgedichte
ISBN: 978-3-96046-116-6

Spiellieder & Klanggeschichten
ISBN: 978-3-96046-117-3

Kreativ mit allen Sinnen
ISBN: 978-3-96046-152-4

Morgenkreis
ISBN: 978-3-96046-169-2

Natur erleben
ISBN: 978-3-96046-181-4

Lieder zum Mitmachen
ISBN: 978-3-96046-206-4

Unsere Lieblingsrezepte
ISBN: 978-3-96046-221-7

Klett Kita